Développement d'un outil de recherche bibliographique

Rémi Moine

Développement d'un outil de recherche bibliographique

Éditions universitaires européennes

Impressum / Mentions légales

Bibliografische Information der Deutschen Nationalbibliothek: Die Deutsche Nationalbibliothek verzeichnet diese Publikation in der Deutschen Nationalbibliografie; detaillierte bibliografische Daten sind im Internet über http://dnb.d-nb.de abrufbar.

Alle in diesem Buch genannten Marken und Produktnamen unterliegen warenzeichen-, marken- oder patentrechtlichem Schutz bzw. sind Warenzeichen oder eingetragene Warenzeichen der jeweiligen Inhaber. Die Wiedergabe von Marken, Produktnamen, Gebrauchsnamen, Handelsnamen, Warenbezeichnungen u.s.w. in diesem Werk berechtigt auch ohne besondere Kennzeichnung nicht zu der Annahme, dass solche Namen im Sinne der Warenzeichen- und Markenschutzgesetzgebung als frei zu betrachten wären und daher von jedermann benutzt werden dürften.

Information bibliographique publiée par la Deutsche Nationalbibliothek: La Deutsche Nationalbibliothek inscrit cette publication à la Deutsche Nationalbibliografie; des données bibliographiques détaillées sont disponibles sur internet à l'adresse http://dnb.d-nb.de.

Toutes marques et noms de produits mentionnés dans ce livre demeurent sous la protection des marques, des marques déposées et des brevets, et sont des marques ou des marques déposées de leurs détenteurs respectifs. L'utilisation des marques, noms de produits, noms communs, noms commerciaux, descriptions de produits, etc, même sans qu'ils soient mentionnés de façon particulière dans ce livre ne signifie en aucune façon que ces noms peuvent être utilisés sans restriction à l'égard de la législation pour la protection des marques et des marques déposées et pourraient donc être utilisés par quiconque.

Coverbild / Photo de couverture: www.ingimage.com

Verlag / Editeur:
Éditions universitaires européennes
ist ein Imprint der / est une marque déposée de
OmniScriptum GmbH & Co. KG
Heinrich-Böcking-Str. 6-8, 66121 Saarbrücken, Deutschland / Allemagne
Email: info@editions-ue.com

Herstellung: siehe letzte Seite /
Impression: voir la dernière page
ISBN: 978-3-8381-8736-5

Ministère de l'Education Nationale

Université de Montpellier II – CNAM

MASTER 2
INFORMATIQUE POUR LES SCIENCES
PARCOURS << Bio-Informatique>>

RAPPORT DE STAGE

effectué au
CIRAD
UMR DAP – Equipe ID
Centre de coopération Internationale en Recherche Agronomique pour le Développement, Montpellier 34398

Développement d'un outil d'annotation de séquences utilisant la bibliographie scientifique

du 12/03/07 au 12/09/07
par
MOINE Rémi

Directeur de stage de l'entreprise

Dr RUIZ Manuel & Dr PERIN Christophe

Directeur de stage de l'université

BERTHENET Cyril

UNIVERSITÉ MONTPELLIER II
SCIENCES ET TECHNIQUES DU LANGUEDOC

REMERCIEMENTS

Je remercie :

Dr Manuel Ruiz, bioinformaticien, pour son encadrement irréprochable, son assistance précieuse et sa grande patience à mon égard,

Dr Christophe Périn, pour ses remarques et son approche biologique.

Cyril Berthenet, en la qualité de tuteur pédagogique, pour ses conseils, le temps qu'il m'a accordé ainsi que pour ses compétences en Perl.

Gautier Sarah et Sébastien Fromentin, stagiaires, pour leur enthousiasme, leurs idées et conseils.

Toutes les personnes du bâtiment III qui ont participées au bon déroulement de ce stage.

SOMMAIRE

ABREVIATIONS

- **ASN** : Abstract Syntax Notation
- **BD** : Base de Données
- **CGI** : Common Gateway Interface
- **CIRAD** : Centre de Coopération Internationale en Recherche Agronomique pour le Développement
- **CNAM** : Conservatoire National des Arts et Métiers
- **CPAN** : Comprehensive Perl Archive Network
- **CSS** : Cascading Style Sheet ou feuilles de style en cascade
- **DBI** : perl DataBase Interface module
- **FST** : Flanking Sequence Tag
- **FTP** : File Transfer Protocol
- **GO** : Gene Ontology
- **HTML** : HyperText Markup Language
- **HTTP** : HyperText Transfer Protocol
- **ID** : Intégration des Données
- **NCBI** : National Center for Biotechnology Information
- **NIH** : National Institute of Health
- **NLM** : United States National Library of Medecine
- **PDF** : Portable Document Format
- **PERL**: Practical Extraction and Report Langage
- **RSS** : Really Simple Syndication ou Rich Site Summary ou RDF Site Summary
- **RTF** : Rich Text Format
- **SGBD** : Système de Gestion de Base de Données
- **SI** : Système d'Information
- **SQL** : Structured Query Language
- **UML** : Unified Modeling Language, ou bien "langage de modélisation objet unifié"
- **UMR** : Unité Mixte de Recherche
- **UPR** : Unité Propre de Recherche
- **URP** : Unité de Recherche en Partenariat
- **US** : Unité de Service
- **W3C** : World Wide Web Consortium
- **XML** : eXtensive Markup Language

LISTE DES FIGURES, TABLEAUX ET CADRES

INTRODUCTION

La recherche d'informations bibliographiques est un travail préliminaire indispensable à tout projet scientifique. Cette phase de recherche permet d'obtenir un état des lieux des connaissances ainsi qu'un aperçu des voies de recherches qui ont déjà été explorées. Ce travail exploratoire est souvent long, fastidieux, et à renouveler régulièrement au fur et à mesure des avancées scientifiques et technologiques.

Cette information bibliographique est le plus souvent découplée de toute information biologique pertinente tel que le nom du/des locus étudiés, des identifiants de **Gene Ontology***[1] (GO) [W12],[P1][P5][P6][P7][2] ou la masse d'informations qui leur est associée. Ces difficultés ont conduit des biologistes et des bioinformaticiens à joindre leurs efforts pour construire un nouvel outil, **BIBLIOTROP,** afin de faciliter ce travail de recherche bibliographique, d'en améliorer la pertinence, et de lier des informations venant d'expérimentations biologiques.

I. Présentation du CIRAD

1. Organisation générale

Le Centre de coopération Internationale en Recherche Agronomique pour le Développement (CIRAD) [W6], est un organisme français de recherche agronomique au service du développement durable des pays tropicaux et subtropicaux. Le **CIRAD** est un établissement public à caractère industriel et commercial (EPIC) créé en 1984 sous la tutelle de deux ministères français: la recherche et la coopération.

Le **CIRAD** dispose de centres de recherche en France et dans l'outre-mer français:
son budget est de 178 millions d'euros, il rassemble 1 800 agents, dont 900 cadres répartis dans plus de 50 pays. Il comprend trois départements et 59 unités : 32 unités propres de recherche (UPR), 4 unités de service (US), 20 unités mixtes de recherche (UMR) dont l'UMR DAP et 3 unités de recherche en partenariat (URP).

Sa mission est de « Contribuer au développement rural des pays tropicaux et subtropicaux par des recherches, des réalisations expérimentales, des actions de formation, en France et à l'étranger, l'information scientifique et technique ». Ses compétences relèvent des sciences du vivant, des sciences humaines et des sciences de l'ingénieur, appliquées à l'agriculture et l'alimentation, à la gestion des ressources naturelles et aux sociétés.

---

1 Tous les termes signalés par un astérisque (*) sont définis dans le glossaire
2 Toutes le références sont placées entre crochets, la première lettre en précise le type W pour les sites webs, L pour les livres et P pour les publications, ensuite figure l'indice de cette référence

2. UMR DAP

Le développement de la génomique a ouvert de nouvelles voies pour l'étude des relations entre diversité génétique et comportement agronomique et son application à la production de variétés améliorées. L'Unité Mixte de Recherche DAP (Département et Amélioration des Plantes) [W31] fédère un ensemble de compétences dans ce domaine pour constituer un pôle d'envergure en génétique et génomique végétale.

Ces équipes travaillent sur des espèces tropicales et tempérées : riz, blé, sorgho, canne à sucre, bananier, cocotier, palmier à huile, igname, caféier, hévéa, cacaoyer, cotonnier, pommier, vigne et olivier. Pour chaque espèce, les recherches sont centrées sur les caractères agronomiques prioritaires pour la gestion des cultures et la création de nouvelles variétés. Elles concernent, d'une part, leur analyse sur les plans physiologique et moléculaire et leur intégration fonctionnelle dans une logique écophysiologique, et d'autre part, l'étude de leur diversité génétique dans ses composantes fonctionnelles et à l'échelle de la population.

3. Equipe ID : Intégration des Données

Les projets de génétique, et de génomique structurale et fonctionnelle, produisent des quantités considérables de données, hautement hétérogènes, qu'il faut intégrer afin de pouvoir les exploiter au mieux. Les objectifs de l'équipe "Intégration des données pour la génomique comparative" sont :
- d'organiser les données de l'UMR et de les rendre facilement accessibles à la communauté internationale d'où l'accent mis sur les systèmes d'information (SI) et leur interopérabilité
- d'analyser des données d'où le développement ou l'adaptation d'outils d'analyse et de traitement
- de les intégrer de manière à valoriser l'information disponible sur les espèces modèles, notamment le riz, d'où l'accent mis sur l'analyse comparative de l'organisation de génomes végétaux apparentés.

Cette équipe bénéficie de nombreuses collaborations internes, nationales et internationales. Elle se compose de ARGOUT Xavier, COURTOIS Brigitte, DROC Gaëtan, HAMELIN Chantal, LARMANDE Pierre, RUIZ Manuel, SIDIBE-BOCS Stéphanie.

II. Etat des lieux

1. PubMed

PubMed [W26] est un service de la librairie nationale des États-Unis, développé par le National Center for Biotechnology Information (NCBI) [W21]. Il s'agit d'un moteur de recherche gratuit donnant accès à la **base de données*** bibliographiques MEDLINE, accès rendu public en 1997, par le vice président de l'époque Al Gore, événement qui fût appelé « *Open Access* » [W22]. Désormais, PubMed contient plus de 17 millions de publications constituant ainsi un pool important d'informations, et cela vers de nombreux journaux. PubMed présente de nombreuses fonctionnalités tels que la consultation d'une publication sous différents formats (XML (Annexe 1), ASN1, etc) et de nombreux liens internes (autres publications d'un auteur, les articles citant la publication en question ou « related articles ») et externes (vers les gènes supposés en correspondance avec l'article). PubMed a aussi pour avantage de permettre une veille bibliographique par le biais de l'espace MyNCBI dans lequel on peut créer un compte, offrant la possibilité par la suite de stocker des recherches de publications, et de les publier par le biais d'un **flux RSS*** [W27].

Toutefois il n'existe pas de possibilité de réaliser des annotations sur ces publications ni de les regrouper, et leur manipulation n'est pas facile. PubMed nous permet aussi d'accéder aux fichiers PDF (voir annexe 2). Malheureusement, cette opération comporte de nombreux liens, redirections et n'aboutit pas toujours au fichier PDF (fastidieux et pas toujours concluant).

2. EndNote

EndNote [W11] est un logiciel de gestion de références bibliographiques qui permet de créer des listes personnelles de références bibliographiques d'articles, d'ouvrages ou même de sites Web concernant des publications scientifiques, à partir de références saisies manuellement ou importées d'une source externe (par exemple d'une base de données bibliographiques ou d'un catalogue de bibliothèque). Grâce à EndNote, il est possible d'annoter, trier, chercher et sélectionner les références afin de créer des bibliographies à volonté. Il est principalement utilisé par les étudiants et les chercheurs.

Ce programme qui a l'avantage d'être rapide, populaire, offrant la possibilité d'effectuer des recherches en ligne (par le biais de fichiers de connexion et de filtres d'importations). Il propose également un vaste choix de modèle pour la mise en forme de références, compatibles avec WORD.

EndNote présente, toutefois, quelques inconvénients: Il est payant, complexe à prendre en main et à paramétrer. Il existe des incompatibilités entre les versions (notamment d'une version récente 8 à X vers une version antérieure à la 8). Il n'existe pas de possibilité de partager d'informations dans le cadre d'une communauté, ni de lier aux publications de l'information de manière automatique (tel que des liens externes, association avec le fichier PDF).

3. BIBLIOTROP

BIBLIOTROP [W3] (BIBLIO : pour bibliographie et TROP pour Tropicale, par analogie avec Tropgene ou Biotrop) est un outil de gestion de publications scientifiques. Cet outil vient, en quelque sorte, pour pallier aux défauts de PubMed et d'EndNote, et améliorer la jonction entre ces deux outils. De plus il permet de s'approprier l'information, afin de pouvoir mieux la manipuler et de l'étendre à d'autres champs, notamment biologiques. Il s'agit d'un outil, qui était déjà utilisable à mon arrivée mais qui nécessitait des améliorations et l'apport de nouvelles fonctionnalités.

III. Lettre de mission

Introduction :
Le génome du riz, plante modèle pour les monocotylédones, est maintenant complètement séquencé et plusieurs projets d'analyse fonctionnelle de l'ensemble de ses gènes ont démarré. La création de plusieurs collections extensives de lignées mutantes est maintenant terminée et ces données ont été, en particulier, insérées dans deux bases produites au sein de l'UMR (**OryGenesDB** [W23][P4] pour les données moléculaires et **Oryza Tag Line** [W24][P8] pour les données agro-morphologiques). Une troisième base (**Greenphyl** [W14][P2]) à été produite afin de regrouper les séquences des deux végétaux modèles, *Arabidopsis thaliana* et *Oryza sativa* en familles de protéines et de prédire *in silico* les correspondants fonctionnels pour chacune de ces séquences. L'étape suivante consiste à intégrer l'ensemble de ces données afin de faciliter la tâche du biologiste lorsqu'il cherche à étudier la fonction précise d'un gène d'intérêt et surtout de lier ces données à de l'information bibliographique. En effet, une des premières tâches de tout généticien moléculaire, avant toute expérimentation biologique, est de rassembler l'ensemble des informations bibliographiques existantes pour un gène donné et de formuler des hypothèses sur la fonction de ce gène.

Cette tâche primordiale, nécessite de développer un outil qui puisse permettre de réaliser les tâches suivantes :
- rechercher de la bibliographie concernant la fonction de séquences d'intérêt
- archiver, lier cette information à des locus
- annoter dans le cadre d'une communauté de biologistes
- lier l'information bibliographique à l'information présente dans nos trois autres bases

Nous avons déjà développé un outil pour la **recherche** et la **curation communautaire** de **bibliographie** : **BIBLIOTROP**. Cet outil déjà fonctionnel, qui couple une base de données et un certain nombre d'outils, comme la recherche automatique de bibliographie à travers PubMed, sera modifié pour permettre la curation de locus d'intérêt. Nous proposons donc d'adapter cet outil pour l'annotation de séquences d'intérêt. Enfin, nous avons développé trois bases qui contiennent une quantité importante d'informations qui peuvent également être extraites pour aider/préciser à l'annotation fonctionnelle d'une séquence de riz. Par exemple, si une séquence de riz est **orthologue*** (à un correspondant fonctionnel) déjà caractérisé chez *Arabidopsis thaliana* (information existante dans Greenphyl), cette information pourra être transféré d'*A. thaliana* vers le riz.

L'objectif de ce travail de stage est donc d'adapter l'outil de curation de bibliographie pour annoter des locus d'intérêt et dans une moindre mesure de faciliter l'extraction des données à partir des trois bases existantes pour compléter cette annotation.

IV. Projet

Tout d'abord il fallait analyser la partie existante de BIBLIOTROP aussi bien au niveau de la base de données qu'au niveau interface.

Ensuite pour répondre aux manques constatés, il a été décidé de construire une interface de requête permettant d'améliorer les possibilités de requête sur PubMed, et d'en augmenter la pertinence en intégrant la notion de projets de recherche.

Au niveau de la base de données il a fallu prévoir plusieurs changements, dont notamment la prise en charge des groupes (c'est à dire d'un ensemble d'utilisateurs), afin de pouvoir créer un espace de partage dans le cadre d'une communauté de biologistes.

Après discussion avec les biologistes, il est apparu également indispensable de lier l'outil BIBLIOTROP à EndNote afin qu'ils puissent utiliser leurs bibliographies au format EndNote dans la base de données BIBLIOTROP DB. A l'inverse il fallait pouvoir générer rapidement une bibliographie pour pouvoir l'intégrer à un document Word par exemple, par le biais d'EndNote ou directement, comme nous le verrons par la suite.

Figure 1 : Présentation d'un plan d'action au niveau des interactions de BIBLIOTROP

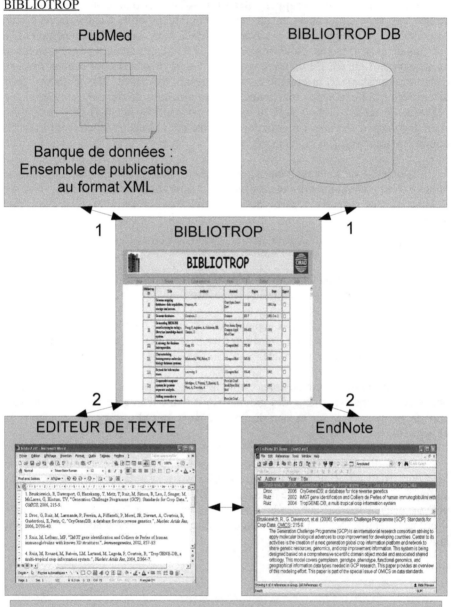

V. Méthodologie et programmation

1. Architecture 3 tiers

Il s'agit d'un modèle logique d'architecture applicative qui vise à séparer un système en trois couches [W2] :

- **Présentation des données** : affichage des données côté client, il s'agit ici de l'affichage par le biais d'un **navigateur Web** d'un **code HTML** que produit la couche métier.
- **Traitement métier des données** : il s'agit de la logique applicative côté serveur, ensemble de scripts **Perl** [W25][L2] qui fait le lien entre les données et l'affichage, c'est à dire l'alimentation de la base de données ou l'affichage de ces données côté client.
- **Accès aux données** : stockage des informations concernant les publications dans la base de données **BIBLIOTROP DB**, qui sont ainsi accessibles aux utilisateurs par le biais de la couche métier.

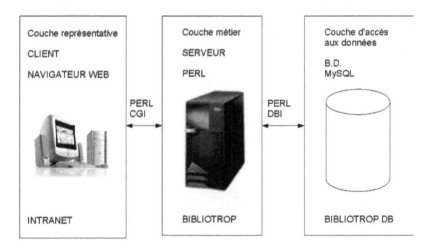

Figure 2 : Schéma de l'architecture 3 tiers de BIBLIOTROP

Avantages :
- N'impose pas de connaissance du SQL [W29] (cela est transparent et ce fait côté serveur) et tout changement au niveau de la base de données ou de l'interface ne nécessite de modifications que côté serveur et celles-ci sont automatiquement transmisent côté client.

- Côté client pas de problème de compatibilité avec les différents systèmes d'exploitation
- Par le biais de ces trois tiers distincts le travail est décomposable.
- Portabilité du tiers serveur.

Inconvénients :
- Structure complexe et parfois difficile à appréhender.
- Peut être coûteux au niveau des ressources côté serveur.

1.1. Présentation des données

Nous présentons ici les différents langages utilisés pour définir la présentation des données.

HTML :
HyperText Markup Language (HTML) [W15] est un langage informatique à balises, qui permet de concevoir des pages Web statiques. C'est à dire un ensemble d'informations structurées et accessibles par le biais d'un navigateur Web. Les recommandations actuelles fixées par le **World Wide Web Consortium** (W3C) [W33] permettent une certaine homogénéité des pages Web et facilitent leur compatibilité avec les différents navigateurs et leur différentes versions. La validation W3C peut être réalisée par le biais de HTML Validator [W16] (add-on de Firefox) permettant de classer les erreurs HTML en deux catégories les erreurs à proprement dit et les *warnings*.
Le HTML utilisé pour notre outil, nous permet de présenter nos données, essentiellement sous forme de tableaux et de formulaires pour l'interaction avec l'utilisateur.

XML :
eXtensive Markup Language (XML) [W35] est aussi un langage à balise, qui permet la structuration de données sous forme de fichier à plat. Il intervient ici pour le stockage des publications sur PubMed, et il constitue notre fichier d'entrée classique, c'est à dire notre source d'information sur les publications.

JAVASCRIPT :
JavaScript [W17] est un langage de programmation de scripts, orienté objet, principalement utilisé pour les pages Web. Il permet de rendre les formulaires plus interactifs et plus pratiques d'utilisation, mais aussi d'exercer des contrôles sur ces formulaires (par exemple pour vérifier qu'un champ est renseigné ou qu'il est valide). Ces contrôles se font côté client, ce qui évite de surcharger le serveur et de perdre du temps si le formulaire n'est pas correctement renseigné.

CSS :

Le **CSS** [W9] est un langage permettant de décrire la présentation des documents **HTML** ou **XML**. Par l'utilisation de ces feuilles de style on peut notamment jouer sur les couleurs et les positions.

Cela comporte plusieurs avantages :

- la **structure** et le **contenu** d'un document peuvent alors être **séparés**: ce qui permet d'avoir un **code HTML moins complexe**
- **présentation uniformisé** dans le cadre d'un appel à la même feuille de style: il est alors possible d'effectuer un **relookage total** rapidement
- **conception plus efficace** car il convient tout d'abord de définir le contenu puis la mise en forme par le biais du **CSS**.

1.2. Traitement métier

Nous décrivons ici les points clés du traitement métier, c'est à dire l'utilisations de scripts Perl et pour interagir avec les autres tiers, l'utilisation des modules CGI.pm et DBI.pm.

Perl :

Langage de programmation interprété que l'on utilise pour sa rapidité et ses nombreux modules (**CPAN** [W7]). **Perl** est très utilisé en bio-informatique à travers les très nombreux modules **Bioperl** [W4]. Ces particularités font de lui, un outil performant, notamment pour l'extraction et le traitement d'informations.

Perl CGI :

Le Common Gateway Interface (CGI) assure la communication entre l'utilisateur sur un poste client et le serveur (voir schéma architecture 3 tiers). Cette technologie permet de générer dynamiquement des pages Web. Le cadre ci-dessous permet d'avoir un aperçu des fonctionnalités CGI utilisées dans notre outil.

```perl
#!/usr/bin/perl
#
#

### Appel du module CGI.pm
use CGI;

### Appel du module CGI::Session.pm
use CGI::Session;

### Déclaration de notre objet CGI
my $cgi=new CGI;

### Deux types de récupération de paramètres :
###### depuis la page HTML, via un formulaire, sous le nom de project
my $project=$cgi->param("project");
###### depuis l'url, sous la forme ex: http://bassigny.cirad.fr/cgi-bin/bibliotrop/
######entry.pl?sid=5e021521808408d9529f58fe1ed8c362
$sid = $cgi->url_param("sid");

### SESSION
my $session = new CGI::Session("driver:File",$sid,{Directory => "$dir_sessions"})
 or die  "la session ne s'est pas initialisée";

### Récupération de l'identifiant de l'utilisateur depuis l'objet session
$user_id = $session->param("user_id");

### Première ligne à printer pour définir qu'il s'agit d'une page HTML
print "Content-type: text/html\n\n";

### start html
print $cgi->start_html(-title=>'Project Submission');

### utilisation du cgi ex pour les titres de niveau 1 : H1
print $cgi->h1("Project Submission");

### end html
print $cgi->end_html;
```

Cadre 1 : Lignes de code minimales pour faire du Perl-CGI

Perl DBI :

Indispensable ici pour envoyer des requêtes vers la base de données:

```perl
#!/usr/bin/perl
#
#

### Appel du module DBI.pm
use DBI;
### Appel du fichier de Config, contenant notemment les paramètres de connection
### à la base de données
require "Config.pl" ;

### connection à la base de données
$dbh = DBI->connect($dbname,$dbuser,$dbpasswd)
or die "Je ne peux pas me connecter au serveur SQL ";

### REQUETE SANS REPONSES RENVOYEES (update ou delete)
### préparation de la requête, par exemple :
my $sth = $dbh->prepare(" update PROJECT set PMID_rejected_list='$new_rejected_pmid_list'
where project_id='$project'") ;
### éxécution de la requête
$sth->execute;
### fermeture de la requête
$sth->finish;

### AUTRES TYPES DE REQUETE avec différents stockages du résultat
###### accès au variables via le hachage
$sth=$dbh->prepare("select a.PUB_ID,TITLE,AUTHORS,JOURNAL,PAGES,DATE
from PUBLICATION as a $order_by ");
### éxécution de la requête
$sth->execute;
### stockage du résultat
while(my $href=$sth->fetchrow_hashref)
{

 %hash=%$href;
 $pub_id = $hash{PUB_ID};
 $title = $hash{TITLE};
 $authors = $hash{AUTHORS};
 $journal = $hash{JOURNAL};
 $pages = $hash{PAGES};
 $date = $hash{DATE};

}
### fermeture de la requête
$sth->finish;

###### stockage du résultat quand on a qu'une valeur ou un ensemble
my $sth_project= $dbh->prepare("select PROJECT_NAME, QUERY from PROJECT
where PROJECT_ID='$project' and USER_ID = '$user_id';") ;
### éxécution de la requête
$sth_project->execute;
### stockage du résultat pour deux valeurs uniques
my ($project_name,$query)=$sth_project->fetchrow_array();
### stockage du résultat pour deux valeurs multiples
### bloucle sur les différentes valeurs de project_name et query
while (my ($project_name,$query)=$sth_project->fetchrow_array())
{

}
### fermeture de la requête
$sth_project->finish;

### fermeture de la connection
$dbh->disconnect;
```

Cadre 2 : Lignes de code minimales pour faire du Perl-DBI

17

1.3. Base de Données

MySQL [W20][L1] est un Système de Gestion de Base de Données (SGBD) libre, robuste et performant. C'est un serveur de bases de données relationnelles **SQL**, **multi-thread** et **multi-utilisateurs**. Les bases de données sont accessibles par de nombreux langages dont notamment le Perl à travers le module spécifique DBI.pm.

2. Problèmes rencontrés

Tableau récapitulatif des divers problèmes rencontrés lors de mon stage avec les solutions que j'ai choisi d'appliquer.

Problèmes	Solutions
Outil développé utilisé par des bêta-testeurs, donc il se pose le problème de l'utilisation de fonctionnalités en cours de développement mais non valide	Mise en place de 2 versions, une pour le développement et l'autre pour la production
Erreurs dues aux différentes versions (MySQL), modules différents pour PERL, configuration différentes d'Apache	Mise à jour, installation des modules manquants pour PERL
Ne pas rendre visible les paramètres de connexion à la base de données et éviter de répéter des variables tel que des chemins d'accès	Mise en place d'un fichier de configuration qui contient les différents chemins d'accès pour les fichiers, ainsi que les paramètres de connexion, fichier que l'on appelle partout où il est nécessaire
Non exécution du script, « *internal server error* » et « *permission denied* » dans le log d'erreur d'apache, il s'agit donc d'un problème de droit	Modification des droits pour le script (les droits en lecture et exécution sont nécessaires), pour pallier à ce problème on peut donc réaliser un: chmod 755 nom du script
Incompatibilité de Javascript ou Javascript désactivé	Dans notre outil, le Javascript n'est pas indispensable c'est à dire qu'il fonctionne très bien sans. Toutefois il permet d'effectuer les contrôles sur les formulaire côté client afin de soulager le serveur et il améliore l'ergonomie. Dès lors les fonctions Javascript utilisées ont été validées sur Internet Explorer et Firefox
Message d'erreur classique : « *internal server error* » et « *execution failed* » dans le log d'erreur d'apache. Il convient alors de vérifier le script en faisant afficher tous les caractères. Si l'on observe \r\n (typique de windows qui signifie retour à la ligne, puis nouvelle ligne) à la fin de la ligne d'entête PERL on sait qu'il s'agit d'un problème de typage	Modifier le typage en passant d'un typage windows : \r\n à un typage linux : \n. Ainsi la ligne d'entête PERL est de nouveau interprétable

Tableau 1 : Problèmes et solutions

3. Programmes sous Linux

Présentation de quelques **programmes sous Linux** utilisés dans le cadre de notre outil, dont l'utilisation est possible car nous nous trouvons sur un serveur Linux. Ces programmes peuvent être appelés à partir de scripts Perl, si nécessaire. En voici le détail.

3.1. CRONTAB

Crontab [W8] permet d'effectuer de manière automatique une ou plusieurs tâches à intervalles réguliers. Pour ce faire il faut créer un fichier cron.txt comme ci-dessous avec 5 arguments et la commande, les 5 arguments :
- minutes : chiffre de 0 à 59
- heures : chiffre de 0 à 23
- jours : chiffre de 1 à 31
- mois : chiffre de 1 à 12
- jour de la semaine : chiffre de 0 à 6 (où 0 correspond à dimanche)

l'étoile (*) peut être utilisée pour remplacer n'importe quel chiffre: dans ce cas le cron bouclera alors sur toutes les combinaisons de chiffres possibles.
Ensuite il suffit d'exécuter la commande crontab + nom du fichier (exemple: *crontab cron.txt*), on peut ensuite vérifier qu'il a pris en compte la commande en listant les tâches en attente dans le cron par *crontab -l.*

```
### cron pour bibliotrop
01 01 * * 0 /opt/apache/apache_2.2.4/cgi-bin/bibliotrop/retrieve_ref_global2.pl
```

Cadre 3 : Source du fichier cron.txt de BIBLIOTROP

Cette commande va permettre d'effectuer une recherche de nouvelles références bibliographiques pour tous les utilisateurs et tous les projets (c'est à dire l'exécution du script retrieve_ref_global2.pl) tous les dimanches à 01 h 01 min.

3.2. WGET

Programme libre [W34], non interactif (donc sans interface), qui permet le téléchargement de fichier. **WGET** a pour usage: *wget [option]... [URL]...* Il s'avère très utile couplé à **BIBLIOTROP** car il nous permet de récupérer les fichiers PDF des publications qui sont en libre accès.

Cette commande est ainsi intégrée à nos scripts Perl comme ceci:

```
### qx : permet d'exécuter une commande système à partir d'un script PERL
### $pdf : url du fichier pdf
### -O : option qui permet de spécifier le répertoire de sortie et le nom du fichier que l'on enregistre
### $articlesPDF_dir : variable qui précise le répertoire de destination sur le serveur des fichiers pdf
### $PUBID.pdf : nom du fichier pdf, correspondant ici à l'identifiant de la publication correspondante
### dans la base de données de façon à ce qu'il soit unique et pour le lier aisément à la publication

my $sortie = qx(wget $pdf -O $articlesPDF_dir/$PUBID.pdf);
```

Cadre 4 : Exemple de commande WGET

3.3. ZIP

Programme de compression de fichiers [W36], très souvent utilisé pour réduire la taille des fichiers et pour créer une archive plus facile à télécharger, copier ou envoyer, qu'un ensemble de fichiers. Il s'utilise en ligne de commande sous la forme : zip -j nom_de_l'archive.zip nom_du_ou_des_fichiers,
ex : zip -j pdf.zip 1.pdf 2.pdf 3.pdf .
L'appel au programme ZIP s'intègre aisément à un script Perl, permettant de créer de manière dynamique une archive de fichiers PDF, comme ceci :

```
### création de la commande pour faire l'archive avec les fichiers pdf :

    ### déclaration du début de la commande avec le nom de l'archive
    $commande = "zip -j pdf.zip ";

    ### ensuite on parcours notre tableau PDF qui contient le nom des fichiers à ajouter à l'archive
    foreach my $elt(@PDF){
    $commande.="$articlesPDF_dir/$elt.pdf ";
    }


### création du repertoire pour stocker le résultat de l'archivage des pdf :

    $repertoire = "$extract_dir/$sid/";

    ### s'il n'existe pas on le crée
    unless (-e "$repertoire")
    {
    mkdir ($repertoire, 0777);
    }

    ### on se place dans ce répertoire et s'il contient déjà un fichier pdf.zip on le détruit
    chdir ($repertoire);
    if(-e "pdf.zip")
    {
    chmod(0777,"pdf.zip");
    unlink("pdf.zip");
    }


### exécution de la commande :

    my $sortie = qx($commande);

### affichage d'un lien vers l'archive dans notre page html résultat :

    print "<a href=\".EXTRACT_PDF/$sid/pdf.zip\">Link to the pdf archive</a><br />";
```

Cadre 5 : Exemple de commande ZIP

Remarque : Pour cette tâche on aurait pu également utiliser le module Perl
Archive::Zip. Toutefois l'utilisation de Zip en ligne de commande présente un temps
d'exécution acceptable et cela même avec un grand nombre de fichiers PDF.

4. Modularisation

Il s'agit de créer des modules, c'est à dire un ensemble de fonctions prenant en
entrée une suite de paramètres et renvoyant en sortie une variable contenant ce que
l'on cherche. L'intérêt d'avoir recours à cette technique est l'optimisation du code: la
généricité ainsi obtenue minimise les changements à effectuer dans le code quand
ceux-ci surviennent par exemple au niveau de la base de données par l'ajout d'un
nouvel attribut.

Domaine	Nom des modules	Rôle
Consultation	BiblitropRequest.pm	Contient un ensemble de requêtes SQL de consultation de BIBLIOTROP DB
Recherche	SearchPDF.pm	A partir d'un PMID cherche l'adresse URL du pdf correspondant à la publication
Recherche	GltoPMID.pm	A partir d'un GO, d'un Gene Name, d'une FST ou bien encore d'un identifiant UniProt donne la liste des PMID des publications associées référencées dans AmiGO (pour le GO) et dans le NCBI (pour le reste)
Recherche	NettoieEffetch.pm	Supprime les caractères spéciaux des publications (accents, caractères étrangers, ...)
Recherche	PMIDtoGI.pm	A partir d'un PMID on cherche sur le NCBI des propositions de « Gene Information » : Gene Name, UniProt ...

Tableau 2 : Tâches effectuées des différents modules de BIBLIOTROP

5. Sécurité

Comme pour tout espace de stockage de données, se pose la question de la sécurité. C'est à dire de permettre ou non l'accès aux informations contenu dans la base de données. Il convient alors de définir quelles sont les informations à rendre visibles et modifiables, et par qui (voir le tableau 3 et annexe 13). Ainsi, comme c'est très souvent le cas on a recours à des comptes utilisateurs, avec une authentification (login et mot de passe correct) par session. C'est à dire que l'utilisateur est attaché à un identifiant de session: à chaque authentification correcte il va créer un fichier de session. L'accès aux publications en consultation est libre et ne nécessite pas de mot de passe ni de login.

Niveau d'accès	Mode d'accès	Éléments accessibles
1er niveau : *Open Access*	Pas d'authentification, par le lien « *Open Access* »	Toutes les publications en consultation
2ème niveau : *Public*	Authentification	Toutes les publications en consultation et en annotations publics (mots clés et notes)
3ème niveau : *Group*	Authentification	Toutes les publications des groupes en consultation et annotation (notes), gestion des groupes (utilisateurs et des publications)
4ème niveau : *Perso*	Authentification	Toutes les publications d'un utilisateur en consultation et annotation (mots clés et notes), gestion et soumission des projets de recherche bibliographique et soumission de publications

Tableau 3 : Différents niveaux de sécurité de BIBLIOTROP

Dans le cadre de **BIBLIOTROP** les fichiers générés (exportation depuis **EndNote**, importation depuis **EndNote**, bibliographie ou encore archive de PDF) sont protégés, car ils sont placés dans un répertoire dont le nom correspond à l'identifiant de session. Les fichiers produits ayant le même nom (car celui-ci est définit par l'outil) cela évite qu'un autre utilisateur n'écrase les données de l'utilisateur en question.

VI. Base de données : BIBLIOTROP DB

1. Modélisation

1.1. Diagrammes de classe de BIBLIOTROP DB

1.1.1. Structure à mon arrivée

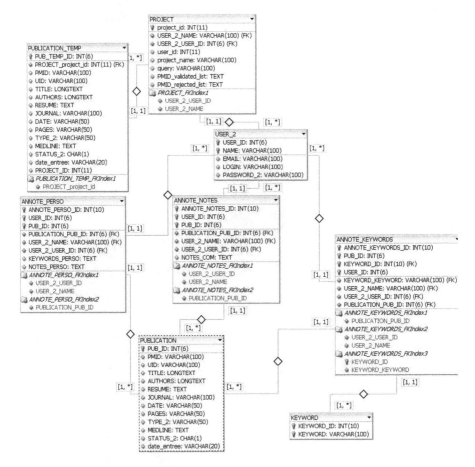

Figure 3 : Diagramme de classe de BIBLIOTROP DB (12/03/2007)

Voici le diagramme de classe de notre base de données. La base de données permet de stocker les publications temporaires en réponse aux recherches sur **PubMed,** et « définitives », après validation par l'utilisateur. Elle contient également les comptes utilisateurs, et les annotations, notes et mots clés (publics et personnels) qui font la liaison entre un utilisateur et une publication.

1.1.2. Structure à mon départ

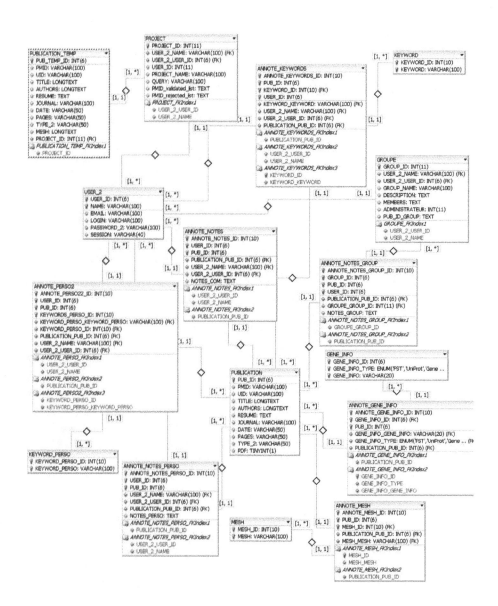

Figure 4 : Diagramme de classe de BIBLIOTROP DB (20/08/2007)

25

En utilisant cette base de données on a décelé un certain nombre de manques qu'il a fallu combler. Voici le tableau récapitulatif présentant les modifications apportées à la base de données ainsi que leurs justifications :

Type de modification	Modifications	Raisons
Attribut supplémentaire	SESSION dans la table USER	Stockage de l'identifiant de session de chaque utilisateur, afin d'éviter la multiplication des fichiers de session sur le serveur. Un utilisateur ne va utiliser qu'un fichier de session qu'il écrase à chaque nouvelle connexion
	PDF dans la table PUBLICATION	Booléen qui permet de savoir si le fichier PDF correspondant à la publication est enregistré sur le serveur, 0 pour absent et 1 pour présent
Table supplémentaire	KEYWORD_PERSO	Stockage des mots clés personnels sous forme de table pour éviter leur redondance dans le cas d'associations à plusieurs publications
	ANNOTE_PERSO2	Table qui fait la liaison entre l'identifiant de la publication et l'identifiant du mot clé
	MESH	Stockage des MeSH terms sous forme de table pour éviter leur redondance dans le cas d'associations à plusieurs publications
	ANNOTE_MESH	Table qui fait la liaison entre l'identifiant de la publication et l'identifiant du MeSH term
	GROUPE	Table qui permet de définir un ensemble d'utilisateurs travaillant sur un ensemble de publications
	ANNOTE_NOTES_GROUP	Stockage de la note de groupe liée à un utilisateur, une publication et un groupe
	GENE_INFO	Stockage de l'information génétique sous la forme de table pour éviter leur redondance dans le cas d'association à plusieurs publications
	ANNOTE_GENE_INFO	Table qui fait la liaison entre l'identifiant de la publication et l'identifiant de l'information génétique

Tableau 4 : Modifications apportées de BIBLIOTROP DB

Ces modifications permettent de coller parfaitement aux besoins de stockage de notre outil, pour en optimiser l'interrogation et éviter la redondance d'informations.

1.2. Schéma relationnel

A partir du diagramme de classe, un schéma relationnel a pu être créé selon les règles définies par la méthodologie **UML** [W30] :

- Chaque classe devient une relation. Les attributs de la classe deviennent attributs de la relation. L'identifiant de la classe devient clé primaire de la relation.
- Chaque association 1-1 est prise en compte en incluant la clé primaire d'une des relations comme clé étrangère dans l'autre relation.
- Chaque association 1-n est prise en compte en incluant la clé primaire de la relation dont la multiplicité maximale est * comme clé étrangère dans l'autre relation.
- Chaque association m-n est prise en compte en créant une nouvelle relation dont la clé primaire est la concaténation des clés primaires des relations participantes. Les attributs de la classe d'association sont insérés dans cette nouvelle relation si nécessaire.

En voici le schéma relationnel :

- PUBLICATION_TEMP (**PUB_ID_TEMP**, PMID, UID, TITLE, AUTHORS, RESUME, JOURNAL, DATE, PAGES, TYPE, MESH, **#PROJECT_ID**)
  Avec PUBLICATION_TEMP (PROJECT_ID) Є PROJECT (PROJECT_ID)

- PUBLICATION (**PUB_ID**, PMID, UID, TITLE, AUTHORS, RESUME, JOURNAL, DATE, PAGES, TYPE, PDF)

- PROJECT (**PROJECT_ID**, USER_ID, PROJECT_NAME, QUERY, PMID_validated_list, PMID_rejected_list)

- USER (**USER_ID**, NAME, EMAIL, LOGIN, PASSWORD, SESSION)

- GROUPE (**GROUP_ID**, GROUP_NAME, DESCRIPTION, MEMBERS, ADMINISTRATEUR, PUB_ID_GROUP)

- ANNOTE_KEYWORDS (**ANNOTE_KEYWORDS_ID**, **#PUB_ID**, **#KEYWORD_ID, #USER_ID**)
  Avec ANNOTE_KEYWORDS (PUB_ID) Є PUBLICATION (PUB_ID)
  et ANNOTE_KEYWORDS (KEYWORD_ID) Є KEYWORD (KEYWORD_ID)
  et ANNOTE_KEYWORDS (USER_ID) Є USER (USER_ID)
- KEYWORD (**KEYWORD_ID**, **KEYWORD**)

- ANNOTE_NOTES (**ANNOTE_NOTES_ID**, NOTES_COM, **#USER_ID**, **#PUB_ID**)
  Avec ANNOTE_NOTES (USER_ID) Є USER (USER_ID)
  et ANNOTE_NOTES (PUB_ID) Є PUBLICATION (PUB_ID)

- ANNOTE_PERSO2 (**ANNOTE_PERSO2_ID**, **#USER_ID**, **#PUB_ID**, **#KEYWORDS_PERSO_ID**)
  Avec ANNOTE_PERSO2 (USER_ID) Є USER (USER_ID)
  et ANNOTE_PERSO2 (PUB_ID) Є PUBLICATION (PUB_ID)
  et ANNOTE_PERSO2 (KEYWORDS_PERSO_ID) Є KEYWORDS_PERSO (KEYWORDS_PERSO_ID)

- KEYWORD_PERSO (**KEYWORD_PERSO_ID**, **KEYWORD_PERSO**)

- ANNOTE_NOTES_PERSO (**ANNOTE_NOTES__PERSO_ID**, NOTES_PERSO, **#PUB_ID, #USER_ID**)
  Avec ANNOTE_NOTES_PERSO (PUB_ID) Є PUBLICATION (PUB_ID)
  et ANNOTE_NOTES_PERSO (USER_ID) Є USER (USER_ID)

- ANNOTE_MESH (**ANNOTE_MESH_ID**, **#PUB_ID, #MESH_ID**)
  Avec ANNOTE_MESH (PUB_ID) Є PUBLICATION (PUB_ID)
  et ANNOTE_MESH (MESH_ID) Є MESH (MESH_ID)

- MESH (**MESH_ID, MESH**)

- ANNOTE_NOTES_GROUP (**ANNOTE_NOTES_GROUP_ID**, NOTES_GROUP, **#GROUP_ID, #PUB_ID, #USER_ID**)
  Avec ANNOTE_NOTES_GROUP (GROUP_ID) Є GROUPE (GROUP_ID)
  et ANNOTE_NOTES_GROUP (PUB_ID) Є PUBLICATION (PUB_ID)
  et ANNOTE_NOTES_GROUP (USER_ID) Є USER (USER_ID)

- ANNOTE_GENE_INFO (**ANNOTE_GENE_INFO_ID**, **#PUB_ID, #GENE_INFO_ID**)
  Avec ANNOTE_MESH (PUB_ID) Є PUBLICATION (PUB_ID)
  et ANNOTE_ GENE_INFO (GENE_INFO_ID) Є GENE_INFO (GENE_INFO_ID)

- GENE_INFO (**GENE_INFO_ID, GENE_INFO_TYPE, GENE_INFO**)

Remarque : Le nom des tables figure avant les parenthèses, les attributs portant les contraintes de clé primaire sont en gras soulignés et les attributs portant des contraintes de clé étrangère sont en gras et précédés par un #.

1.3. Dictionnaire de données

Tables	Attributs	Descriptions
PUBLICATION_TEMP	**PUB_TEMP_ID**	Identifiant de publications temporaires
	PMID	Identifiant de publication de PubMed
	UID	Identifiant Medline
	TITLE	Titre de la publication
	AUTHORS	Liste des auteurs
	RESUME	*Abstract* de la publication
	JOURNAL	Nom du journal dans lequel la publication est paru
	DATE	Date de publication
	PAGES	Numéro des pages dans le journal
	TYPE	Type de publication
	MESH	Ensemble des MeSH terms associés
	PROJECT_ID	Identifiant du projet pour relier une publication à un projet
PROJECT	**PROJECT_ID**	Identifiant du projet
	USER_ID	Identifiant de l'utilisateur
	PROJECT_NAME	Nom du projet
	QUERY	Requête du projet
	PMID_validated_list	Liste des PMID des publications validées
	PMID_rejected_list	Liste des PMID des publications rejetées et titre de ces publications
USER	**USER_ID**	Identifiant de l'utilisateur
	NAME	Nom de l'utilisateur
	EMAIL	Email de l'utilisateur
	LOGIN	Login de l'utilisateur
	PASSWORD	Mot de passe de l'utilisateur
	SESSION	Identifiant de session propre à un utilisateur
KEYWORD_PERSO	**KEYWORD_PERSO_ID**	Identifiant du mot clé personnel
	KEYWORD_PERSO	Mot clé personnel
ANNOTE_PERSO2	**ANNOTE_PERSO2_ID**	Identifiant de l'annotation personnel
	USER_ID	Identifiant de l'utilisateur
	PUB_ID	Identifiant de la publication
	KEYWORDS_PERSO_ID	Identifiant du mot clé personnel
ANNOTE_NOTES	**ANNOTE_NOTES_ID**	Identifiant des notes
	USER_ID	Identifiant de l'utilisateur
	PUB_ID	Identifiant de la publication
	NOTES_COM	Notes communes visibles de tous les utilisateurs
ANNOTE_KEYWORDS	**ANNOTE_KEYWORDS_ID**	Identifiant de l'annotation par mot clés publics
	PUB_ID	Identifiant de la publication
	KEYWORDS_ID	Identifiant du mot clé public
	USER_ID	Identifiant de l'utilisateur
KEYWORD	**KEYWORD_ID**	Identifiant du mot clé public
	KEYWORD	Mot clé public
ANNOTE_MESH	**ANNOTE_MESH_ID**	Identifiant de l'annotation par MESH
	PUB_ID	Identifiant de la publication
	MESH_ID	Identifiant de termes MESH
MESH	**MESH_ID**	Identifiant de termes MESH
	MESH	MeSH term : mot clé spécifique attribué par PubMed

PUBLICATION	**PUB_ID**	Identifiant de la publication
	PMID	Identifiant de publication de PubMed
	UID	Identifiant Medline
	TITLE	Titre de la publication
	AUTHORS	Liste des auteurs
	RESUME	*Abstract* de la publication
	JOURNAL	Nom du journal dans lequel la publication est paru
	DATE	Date de publication
	PAGES	Numéro des pages dans le journal
	TYPE	Type de publication
	PDF	Booléen pour signaler la présence ou l'absence de fichier PDF
GROUPE	**GROUP_ID**	Identifiant du groupe
	GROUP_NAME	Nom du groupe
	DESCRIPTION	Description du groupe
	MEMBERS	Liste des membres du groupe
	ADMINISTRATEUR	Administrateur du groupe
	PUB_ID_GROUP	Liste des identifiant des publications du groupe
ANNOTE_NOTES_GROUP	**ANNOTE_NOTES_GROUP_ID**	Identifiant des notes
	USER_ID	Identifiant de l'utilisateur
	GROUP_ID	Identifiant du groupe
	PUB_ID	Identifiant de la publication
	NOTES_GROUP	Notes communes visibles par tous les utilisateurs du groupe
ANNOTE_NOTES_PERSO	**ANNOTE_NOTES_PERSO_ID**	Identifiant des notes
	USER_ID	Identifiant de l'utilisateur
	PUB_ID	Identifiant de la publication
	NOTES_PERSO	Notes personnels
ANNOTE_GENE_INFO	**ANNOTE_GENE_INFO_ID**	Identifiant de l'annotation par information génétique
	PUB_ID	Identifiant de la publication
	GENE_INFO_ID	Identifiant d'information génétique
GENE_INFO	**GENE_INFO_ID**	Identifiant de l'information génétique
	GENE_INFO_TYPE	Type d'information génétique
	GENE_INFO	Information génétique

Tableau 5 : Dictionnaire de données de BIBLIOTROP DB

Remarque : les attributs portant des contraintes de clés primaires sont représentées en gras souligné.

Il s'agit d'un tableau qui présente les différentes tables, attributs et leur signification de la base de données **BIBLIOTROP DB**.

Après avoir vu le diagramme de classes, le schéma relationnel et le dictionnaire de données, pour plus de renseignements se référer au **script SQL** (voir annexe 3) de création de cette base de données.

2. Résultats

La **base de données** ainsi construite, restait à en définir le cadre d'échange. C'est à dire l'implémentation des différentes requêtes au format **SQL**. Il a été choisit de ne pas ajouter de contraintes de clés étrangères, contrairement à ce qui figure dans la modélisation. Ceci afin d'en faciliter les migrations éventuelles. Toutefois l'intégrité est parfaitement maintenue car l'ensemble des requêtes se fait par le biais de l'interface. Elles ont été définies de façon à ne pas rompre la correspondance des données. Par exemple si on considère une publication annotée, son identifiant de la table PUBLICATION doit être le même que celui figurant dans la table d'annotation correspondante (ex.: ANNOTE_KEYWORDS), et cela de façon durable quelque soit les modifications sur la note. Ou bien encore si cette publication est supprimée de la base il faut que toutes les notes reliées à cet article soient également supprimées.

Nous ne passerons pas en revue l'ensemble des requêtes, cela serait fastidieux et inutile. Toutefois nous allons en aborder quelques unes à titre d'exemples. Comme celle-ci :

```
select distinct KEYWORD_PERSO from KEYWORD_PERSO as A, ANNOTE_PERSO2 as B
where B.USER_ID='$user_id' and A.KEYWORD_PERSO_ID = B.KEYWORD_PERSO_ID
order by KEYWORD_PERSO
```

Cette requête provient de BibliotropRequest.pm mentionné auparavant et permet de récupérer la liste des mots clés personnels classés par ordre alphabétique. Ou bien la liste globale de toutes les publications:

```
select PUB_ID,TITLE,AUTHORS,JOURNAL,PAGES,DATE,PMID
from PUBLICATION $order_by
```

Ici, l'astuce repose sur la variable « order_by », qui comme son nom l'indique permet de définir le type classement que l'on veut effectuer. Ce classement correspond à un bouton sélectionné afin de classer par identifiant, titre, auteur, journal ou date.

Ces requêtes sont très pratiques mais sont inutilisables lorsqu'il s'agit d'effectuer une recherche avancée. En effet dans cette configuration il est impossible de définir par avance l'ensemble des requêtes que pourrait effectuer un utilisateur. Tout comme on ne peut pas imposer à l'utilisateur de maîtriser le langage **SQL**, ni de connaître la structure de la base de données.

Il convient alors de créer une interface de requête relativement souple et intuitive, afin que l'utilisateur puisse sélectionner les éléments qu'il veut interroger et donc construire une requête, qui sera transcrite en **SQL**, pour qu'elle soit exécutable sur **BIBLIOTROP DB**. Cette interface de requête est générée par le script « Lancereq3.pl », dont la partie dynamique est prise en charge par le Perl et le caractère intuitif de l'interface par le Javascript.

VII. Outil côté interface : BIBLIOTROP

1. Modélisation

Nous présentons dans cette partie les différents **cas d'utilisation** et **diagrammes de séquence** établis pour l'outil **BIBLIOTROP**. Pour leurs légendes se référer aux annexes 4 et 5.

1.1. Gestion des projets de recherche bibliographique

a. Cas d'utilisation

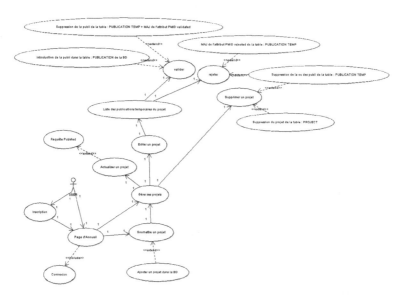

Figure 5 : Cas d'utilisation sur les projets de recherche bibliographique

Ce cas d'utilisation définit les actions à accomplir concernant les projets de recherche bibliographique. C'est à dire tout ce qui concerne leur création et leur gestion. Il met aussi en évidence les interactions avec **PubMed** et la base de données.

33

b. Diagramme de séquence

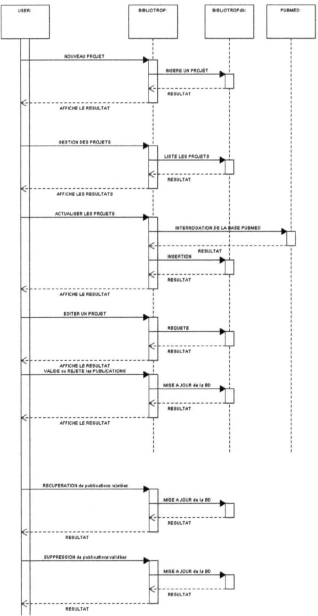

Figure 6 : Diagramme de séquence sur les projets de recherche bibliographique

34

Le diagramme de séquence permet de bien visualiser le déroulement séquentiel des actions et met l'accent sur les différentes couches ainsi que le moment auquel ils interviennent. Ainsi on voit que l'on peut décomposer ce diagramme en trois parties. Tout d'abord la création de projets, puis le lancement de la recherche pour ces projets, et ensuite la gestion de ces **projets**.

1.2. Consultation / Annotation de publications

a. Cas d'utilisation

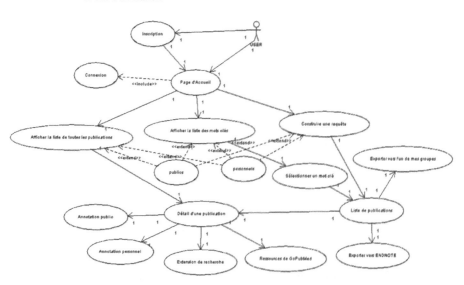

Figure 7 : Cas d'utilisation sur la consultation et l'annotation de publications

Intéressons nous ici à la consultation et à l'annotation des publications. Ces tâches nous permettent tout d'abord d'afficher une liste de publications globale, associée à un mot clé ou bien par une recherche (ex: requête sur un auteur). Ces listes de publications aboutissent ensuite à la visualisation d'une publication, sous forme de fiche, à partir de laquelle les annotations sont possibles. Une annotation consiste à associer à une publication, une note (c'est à dire un commentaire, une information supplémentaire, etc) et / ou un ou plusieurs mots clés. Ces annotations peuvent être privées (uniquement visible par l'utilisateur) ou publiques (visible de tous). A partir de ces listes on peut également réaliser une exportation vers **EndNote**.

Remarque : nous ne présenterons pas de diagramme de séquences pour ce cas d'utilisation, qui ne dispose pas de véritable enchaînement séquentiel d'actions.

1.3. Import depuis EndNote

a. Cas d'utilisation

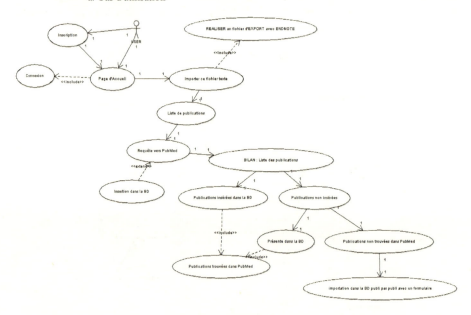

Figure 8 : Cas d'utilisation sur l'importation depuis EndNote

Après avoir vu comment les projets de recherche bibliographique permettent d'alimenter **BIBLIOTROP DB**, nous voyons comment cela ce passe dans le cadre d'une importation depuis **EndNote**. Cette importation a été optimisée afin de limiter les actions de l'utilisateur, et de contrôler ce qui est inséré dans la base de données.

b. Diagramme de séquence

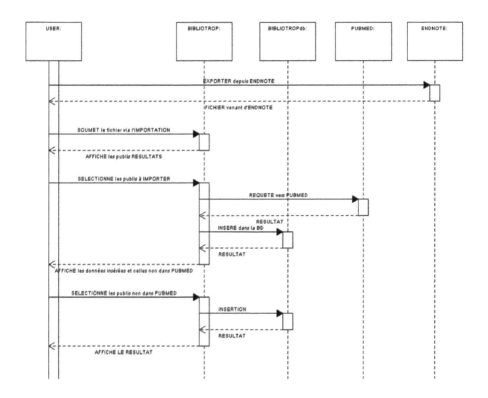

Figure 9 : Diagramme de séquence sur l'import depuis EndNote

Ce diagramme de séquence est important afin de visualiser l'enchaînement de ces actions. Cette importation nécessite donc au préalable d'avoir réalisé une exportation d'une bibliographie avec le logiciel **EndNote**. Ensuite elle se décompose en trois actes, tout d'abord lecture du fichier provenant d'**EndNote** avec affichage de la liste des publications qu'il contient. Ensuite l'outil va interroger **PubMed** afin de trouver les publications sélectionnées (afin de faciliter le travail de l'utilisateur et de faire correspondre à la base de données les champs à saisir et la syntaxe à adopter), puis présenter le résultat de celle-ci. Dans un dernier temps l'utilisateur peut insérer, de façon manuelle dans la base de données, les publications non trouvées dans **PubMed**.

1.4. Communauté d'utilisateurs partageant des publications

a. Cas d'utilisation

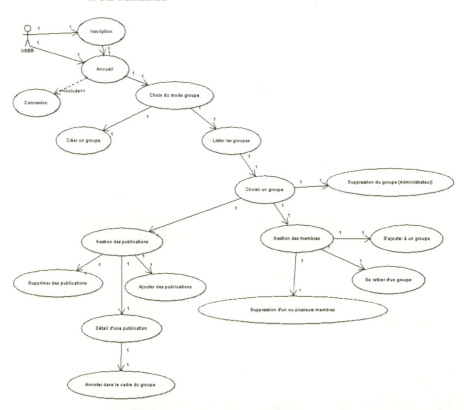

Figure 10 : Cas d'utilisation au niveau des groupes

Ce cas d'utilisation présente comment va s'articuler la notion de groupe au sein de **BIBLIOTROP**. Aussi bien au niveau de leur création que de leur gestion. Pour leur gestion cela revient à contrôler les membres et les publications. Le contrôle des utilisateurs doit être restreint pour l'utilisateur lambda et total pour l'administrateur du groupe en question. Pour ce qui est des publications leur choix et leur contrôle est libre. Ces publications associées à un ou plusieurs groupes doivent permettre d'y associer une note, qui sera alors visible par tous les membres du groupe, mais dont le contrôle est réalisé par son auteur.

2. Résultats

Dans cette partie nous allons détailler les principales fonctions de **BIBLIOTROP**: nous verrons tout d'abord comment se passe l'alimentation de la BD puis l'aspect consultation / annotation. Afin de permettre une vision globale de l'architecture de notre outil, il a été réalisé un modèle navigationnel (voir annexe 6) et un tableau (voir annexe 7) descriptif précisant le rôle de chaque script intervenant au sein de **BIBLIOTROP**.

2.1. Alimentation de BIBLIOTROP DB

En ce qui concerne l'ajout de nouvelles publications dans **BIBLIOTROP DB**, elle peut avoir lieu de 3 façons différentes :
- projets (voir annexe 14)
- import depuis EndNote (voir annexe 15)
- manuellement

2.1.1. Projets

a. Création de projets

La notion de **projet** se construit autour d'une interrogation de **PubMed**. L'utilisateur définit un ou plusieurs projets se composant pour chacun d'un nom et d'une requête. La construction de cette requête a été optimisée afin d'en faciliter la création et d'en assurer la pertinence. Cela même lors de requêtes complexes avec différents opérateurs notamment (AND, OR, NOT, XOR). L'apport des **MeSH terms*** [W18] comme paramètre de ces requêtes, se justifie par la pertinence qu'apporte ces éléments. En effet, il s'agit de mots clés définis par le **NCBI** [W21], qui permettent un classement hiérarchique des publications et en définissent un champ d'action.

Créer un nouveau projet à travers une interrogation **PubMed** correspond à la méthode classique pour soumettre un projet de recherche bibliographique. Il existe d'autres façons de créer de nouveaux projets de recherche en particulier en utilisant un/des résultats de recherche. A partir notamment d'une publication obtenue, l'outil nous propose alors de créer un ensemble de projets pour chacun des auteurs, chacun des **MeSH terms** et un projet rassemblant l'ensemble des publications citant cet article (les « **related articles** » de **PubMed**). Ou bien encore de façon plus subtile, en allant chercher les identifiants de **GO *terms*** associés à une publication par l'outil **GoPubMed** [W13][P3], puis à partir de ces **GO** d'interroger **AmiGO** [W1] pour obtenir les publications associées. Il est également possible de créer un nouveau projet de recherche à partir d'un identifiant de **Gene Ontlogy** (GO). En sortie, l'utilisateur va obtenir l'ensemble des publications référencées par **AmiGO** en association avec cet identifiant **GO,** classées par espèce. Dans un souci de mise en correspondance d'information génétique avec la recherche de publications, on peut également interroger le NCBI sur le « **gene name** » (voir annexe 8 pour la présentation de cette tâche manuelle), « l'accession number d'une **FST*** » ou encore l'identifiant « **UniProt*** » [W32] (voir annexe 16). Cette interrogation se fait alors de manière automatique par notre outil. Ces recherches par liaisons sont d'autant plus importantes que ces informations génétiques sont également présentes dans les bases de données **Greenphyl**, **OryGenesDB** et **Oryza Tag Line** développées dans notre laboratoire de recherche.

Type	Identifiant	PMID des publications
GO	0007349	1295747, 2492966, 10751177, 11063934, 11076973, 11102377, 11258476, 11700298, 12231350, 12386932, 12565697, 14588240, 14736750, 15689371, 15699213, 16024657, 16421189
Gene Name	Os11g0701400	17210932, 16381971, 16188032, 16100779, 9501993
FST	CL519682	15255873
UniProt	Q9SLH3	9237632, 9389651, 10617197, 14593172, 9490740, 11606551, 11606552, 11717468, 11877383, 12610625, 12724538, 14615596, 14973286, 15155881, 15161962, 15173565, 15128937, 16034591, 15734906

Tableau 6 : Exemples de résultats obtenus avec « findPMID.pl »

b. Recherche des correspondances dans PubMed

Une fois le ou les projets définis, ils sont soumis à **PubMed**. Afin que cette réponse soit à jour, il faut renouveler l'interrogation de PubMed, celle-ci peut avoir lieu de 2 façons :

- manuellement (de façon globale ou par projet pour un utilisateur)
- automatique (par le **programme cron** voir § ci-dessus) sur tous les projets de tous les utilisateurs, une fois par semaine

Cette recherche se fait par le biais du **script efetch** (outil de **PubMed**, [W10]) qui a été adapté afin de répondre à nos besoins. En effet ce script nous permet d'interroger **MEDLINE** en lui soumettant une requête qui renvoie en sortie les publications correspondantes au format **XML** (voir annexe 1). Il suffit alors d'extraire l'information de ces fichiers (grâce au module **bioperl**) et de l'insérer dans la **BD** et plus précisément la table PUBLICATION TEMP. Nous avons remarqué un problème causé par les caractères spéciaux (accents, caractères étrangers présents dans certains fichiers XML), problème résolu en créant un nouveau module (NettoieEfetch.pm) qui élimine tous les caractères spéciaux et les accents.

c. Gestion des projets

Une interface permet à l'utilisateur d'effectuer tout un ensemble de tâches sur ses projets :

- édition : affiche la liste des publications trouvées sur **PubMed**
  - validation (mise à jour de l'attribut : « PMID_validated_list » en y ajoutant le PMID de la publication en question, puis ajout de celle-ci dans la table PUBLICATION avec ou sans annotation: les annotations seront alors insérées dans les tables annotations correspondantes)
  - rejet (mise à jour de l'attribut : « PMID_rejected_list » en y ajoutant le PMID de la publication en question, puis suppression de celle-ci au niveau de la table PUBLICATION TEMP)
- rafraîchissement d'un ou des projets (i.e. nouveau lancement de la recherche sur le ou les projets)
- récupération de publications rejetées (mise à jour de l'attribut : « PMID_validated_list » en y ajoutant le PMID de la publication en question, on enlève également ce PMID de la liste des « PMID_rejected_list », puis ajout de celle-ci dans la table PUBLICATION)
- suppression de publications validées (mise à jour de l'attribut : « PMID_rejected_list » en y ajoutant le PMID de la publication en question, on enlève également ce PMID de la liste des « PMID_validated_list », puis suppression de celle-ci au niveau de la table PUBLICATION si elle n'est pas associée à un autre utilisateur)
- suppression d'un projet (supprime alors les publications associées dans la table PUBLICATION_TEMP et suppression du projet dans la table PROJECT)

2.1.2. Import depuis EndNote

L'importation depuis **EndNote** permet aux utilisateurs qui possèdent des bibliographies sous **EndNote** de les intégrer à la base de données **BIBLIOTROP DB**. Cette importation se fait en plusieurs temps :

1. sous EndNote faire une exportation (création du fichier 1) (voir annexe 9)
2. avec BIBLIOTROP sélectionner import depuis EndNote
3. choix du fichier (1)
4. sélection des publications de ce fichier que l'on souhaite intégrer à la BD
5. interrogation de PubMed pour retrouver ces publications
6. présentation du résultat (3 statuts : « NEW », « NOT NEW » et « NOT IN PUBMED »)
7. possibilité d'insérer les publications non présentes dans PubMed par le biais d'un formulaire pré-rempli, publication par publication.

2.1.3. Importation manuelle ou semi-manuelle

Il s'agit ici de permettre à l'utilisateur de soumettre des publications directement.
Soit en connaissant leur PMID (identifiant **PubMed**) ou bien en renseignant tous les champs du formulaire pour les publications non présentes dans **PubMed** (i.e. Titre, auteurs, résumé, journal, date, ...).

2.2. Consultation / Annotation

2.2.1. Consultation

Actuellement de plus en plus d'articles sont disponibles librement au format **PDF**. Il convenait donc de faire un effort particulier à ce niveau afin de centraliser cette information. En effet la recherche des fichiers **PDF** depuis **PubMed** s'avère fastidieuse. Nous avons donc recherché un outil capable de récupérer les fichiers **PDF**, cela sans succès, même par l'utilisation d'un module **Perl** de la **CPAN** (pdf.pm [W7]). Il a donc fallu le créer. Ce module ainsi réalisé permet de chercher de manière automatique l'**URL** du fichier **PDF**. A partir de l'adresse ainsi restituée, et de la commande **WGET**, le fichier peut être récupéré (voir le paragraphe sur les programmes Linux).

L'objectif est de donner le maximum d'information: toutefois si le PDF n'est pas disponible il y a toujours la fiche de la publication (avec le titre, les auteurs, le résumé, le journal, la date...). Cette fiche donne alors lieu à diverses fonctionnalités telle que la création de nouveaux projets (comme on l'a vu auparavant) ou encore la réalisation d'annotations (voir le paragraphe suivant).

Afin de faciliter l'accès aux publications, il a également été développé une interface de requête (voir annexe 17). Ainsi il est possible d'obtenir une publication ou un ensemble de publications correspondant à certains critères, mêmes complexes. Comme par exemple toutes les publications de M.P. Lefranc, après l'année 2004, hormis celle du journal : *Nucleic Acids Research.*

2.2.2. Annotation

Dans cette fonctionnalité d'annotation nous proposons à l'utilisateur d'associer des mots clés aux publications, afin de pouvoir les regrouper et les retrouver facilement. Nous avons généré une option proposant à l'utilisateur un ensemble de mots clés. Afin d'aboutir à une information pertinente, se pose alors deux questions :

- Où trouver ses mots clés ?

Dans une publication scientifique, on s'intéresse principalement au résumé afin de comprendre le sujet et ce dont il est question dans cet article. Il semble donc que l'*abstract* soit un bon champ d'action pour la recherche de cette information, comme le prouve également l'article de SHAH et al. 2003 [P9] où il est mis en évidence que l'*abstract* contient le **meilleur taux** de **mots clés** par rapport aux autres parties de l'article.

- Quels mots retenir ?

J'ai créé un algorithme simple qui calcule la fréquence des mots. Sans y inclure les mots trop courant tel que les articles, les auxiliaires... [W19] (voir annexe 10). Ceci dans le but d'obtenir un ensemble de **mots caractéristiques** de l'article en question.

Les mots clés ainsi associés peuvent être de deux natures : publics ou personnels.

L'annotation peut également se faire sous forme de notes, publiques, personnelles ou bien de groupe. Il s'agit alors d'un commentaire libre sur la publication, afin par exemple de donner un avis sur celle-ci ou bien d'en préciser le contenu ou le contexte.

Cette annotation peut aussi avoir un caractère typiquement biologique par le biais de l'information génétique. Ce type d'annotation permet alors d'associer une information de type FST, Gene Name, GO ou UniProt à une publication. On peut alors définir par exemple que tel publication traite de tel gène, information qui sera visible par tous.

2.3. Réalisation d'une bibliographie

A la fin de chaque publication scientifique, il convient de réaliser une bibliographie permettant de lister les différentes publications citées dans l'article. Nous allons donc voir comment notre outil gère cette fonctionnalité (voir annexe 19).

2.3.1. Bibliographie formatée pour EndNote

EndNote est communément utilisé pour réaliser cette tâche. En effet ce logiciel est parfaitement adapté à cette fonction en raison de son interactivité avec différents éditeurs de texte (ex: WORD) mais également grâce à sa riche bibliothèque de styles qui embrasse pratiquement l'ensemble des journaux scientifiques. Notre outil permet à partir d'une liste de publications de réaliser une exportation vers **EndNote**. Cela consiste à récupérer les informations, utiles pour la **bibliographie**, concernant les publications ainsi sélectionnées, puis à les transcrire dans un format compréhensible par **EndNote**. Le format **ReferBibX** [W11] à été choisit et ses particularités sont présentées dans le tableau suivant:

Code	Description
%O	Type de référence
%A	Auteurs
%D	Année
%P	Pages
%T	Titre
%J	Nom du Journal
%X	Résumé
%R	Numéro électronique de référence

Tableau 7 : Extrait de la nomenclature ReferBibX

Il nous a donc suffit de réaliser un fichier texte (.txt) comportant pour chaque ligne son code suivit d'un espace et du champ correspondant. Il faut donc spécifier un champ par ligne et séparer les publications par une ligne vide (voir annexe 11).

Ensuite pour introduire ces informations dans **EndNote** cela ce déroule en plusieurs étapes :
- lancer EndNote
- créer une nouvelle bibliographie
- sélectionner l'option import
- sélectionner l'option d'importation Refer/BibIX
- choisir le fichier que vous avez préalablement enregistré
- valider par le bouton Import

2.3.2. Bibliographie formatée pour un éditeur de texte

Nous avons sélectionné un standard par défaut, il s'agit en l'occurrence du « *Chicago Manual of Style* » [W5] pour les articles de journaux, tout en laissant la possibilité à l'utilisateur de régler l'ordre des éléments et leur style. Cette bibliographie étant destinée à être introduite dans un document par le biais d'un éditeur de texte, pour en assurer la **compatibilité** et le **formatage** spécifique nous avons choisit le **RTF*** [W28] qui est particulièrement recommandé dans ces conditions (voir fichier RTF en annexe 12).

2.4. Communauté d'utilisateurs partageant des publications

Comme nous l'avons relevé précédemment, il existe un manque important au niveau d'**EndNote** et de **PubMed**, c'est la notion de partage d'informations entre différentes personnes. Nous avons alors intégré cette option à notre outil, donnant ainsi la possibilité à un ensemble d'utilisateurs de partager des éléments.

Par le biais de notre interface chaque utilisateur peut créer un groupe, pour lequel il précise son nom, sa description, les publications associées et les membres du groupe (voir annexe 18). La personne créant le groupe en est l'administrateur, de ce fait il a le contrôle sur tous les utilisateurs. Au niveau des publications associées au groupe chaque utilisateur peut ajouter une note. Ainsi chaque utilisateur peut voir pour une publication l'ensemble des notes de tous les membres, mais il garde le contrôle sur ses annotations. Cette option permet donc à un biologiste de présenter une publication à ses collègues de façon numérique, et chacun peut y ajouter ses commentaires ou la relier à des informations extérieures (sous forme de liens par exemple).

CONCLUSION ET PERSPECTIVES

Nous avons augmenté les fonctions et amélioré l'ergonomie de **BIBLIOTROP**, afin de répondre aux attentes des chercheurs. Cette version de BIBLIOTROP est maintenant en phase de test afin de vérifier son fonctionnement et de corriger des défauts mineurs qui concernent principalement l'affichage.

Ces nombreux et divers développements m'ont permis d'utiliser et d'accroître mes connaissances acquises durant le master bio-informatique de Montpellier. En particulier, concernant la programmation en **Perl** et **SQL** et la modélisation. Ce stage constitue également une première expérience fructueuse dans le domaine de la bio-informatique en interaction avec des informaticiens et des biologistes. Enfin, ce stage m'a apporté la satisfaction d'avoir développé un outil utile aux chercheurs du **CIRAD**.

Il est important de noter plusieurs pistes de développements ultérieurs de notre outil. La création d'une instance d'**AmiGO** sur le serveur en communication avec **BIBLIOTROP** est envisagée. Cette instance permettra de faire évoluer les associations entre les termes de **GO** et les publications. Il serait également profitable d'assurer la liaison entre **BIBLIOTROP** et les différentes bases de données **Greenphyl**, **OryGenesDB** et **Oryza Tag Line**. Ainsi toute recherche sur ces bases de données pourrait donner lieu à une liste de publications recommandées, ou à l'inverse à partir d'une publication une recherche permettra de fournir un lien vers l'une de ces bases de données.

BIBLIOGRAPHIE

1. Sites Webs

1. **AmiGO** : http://amigo.geneontology.org/cgi-bin/amigo/go.cgi
2. **Architecture 3 tiers** : http://fr.wikipedia.org/wiki/Architecture_trois_tiers, http://www.supinfo-projects.com/fr/2003/reseaux/6/
3. **BIBLIOTROP :** http://bassigny.cirad.fr/bibliotrop/index.html
4. **Bioperl** : http://www.bioperl.org/wiki/Main_Page
5. **Chicago Manual of Style** : http://www.sc.edu/library/pubserv/chicago.pdf
6. **CIRAD** : http://www.cirad.fr/fr/index.php
7. **CPAN** : http://www.cpan.org/, http://search.cpan.org/, http://search.cpan.org/~sendu/bioperl-1.5.2_102/Bio/DB/Biblio/pdf.pm
8. **Crontab** : http://fr.wikipedia.org/wiki/Crontab
9. **CSS** : http://fr.wikipedia.org/wiki/Feuilles_de_style_en_cascade
10. **efetch de PubMed** : http://www.ncbi.nlm.nih.gov/entrez/query/static/efetch_help.html
11. **EndNote** : http://www.endnote.com/, http://www.bibl.ulaval.ca/mieux/utiliser/endnote/cache/offonce;jsessionid=BA6EF9A94592AB5F439B5D47A34E9EC4, http://www.bib.umontreal.ca/ss/theo/ENX-n1-notesdecours-theo-H2007.pdf
12. **Gene Ontology** : http://www.geneontology.org/
13. **GoPubMed** : http://www.gopubmed.org/
14. **Greenphyl** : http://greenphyl.cines.fr/cgi-bin/greenphyl.cgi
15. **HTML** : http://fr.wikipedia.org/wiki/HTML
16. **HTML validator** : https://addons.mozilla.org/fr/firefox/addon/249
17. **JavaScript** : http://fr.wikipedia.org/wiki/JavaScript
18. **MeSH terms** : http://www.nlm.nih.gov/mesh/MBrowser.html, http://library.ulster.ac.uk/sci/MeSH.htm
19. **mots anglais ignorés** : http://www.lextek.com/manuals/onix/stopwords1.html
20. **MySQL** : http://www.mysql.com/, http://www-fr.mysql.com/, http://dev.mysql.com/downloads/, http://dev.mysql.com/doc/refman/5.0/fr/index.html
21. **NCBI** : http://www.ncbi.nlm.nih.gov/
22. **Open access** : http://www.nlm.nih.gov/archive/20050113/news/press_releases/free_medline.html , http://phe.club.fr/enc.htm, http://phe.club.fr/open.htm
23. **OryGenesDB** : http://orygenesdb.cirad.fr/
24. **Oryza Tag Line** : http://urgi.versailles.inra.fr/OryzaTagLine/index.htm
25. **Perl** : http://www.perl.org/, http://perl.enstimac.fr/
26. **PubMed** : http://www.ncbi.nlm.nih.gov/sites/entrez, http://fr.wikipedia.org/wiki/PubMed
27. **RSS** : http://fr.wikipedia.org/wiki/RSS_%28format%29

28. **RTF** : http://fr.wikipedia.org/wiki/Rich_Text_Format
29. **SQL** : http://fr.wikipedia.org/wiki/SQL
30. **UML** : http://uml.free.fr/, http://uml.developpez.com/
31. **UMR DAP** : http://umr-dap.cirad.fr/
32. **UniProt** : http://www.expasy.uniprot.org/
33. **W3C** : http://www.w3.org/People/Raggett/tidy/,
    http://www.w3.org/TR/html4/index/attributes.html
34. **WGET** : http://www.delafond.org/traducmanfr/man/man1/wget.1.html
35. **XML** : http://fr.wikipedia.org/wiki/XML
36. **ZIP** : http://linux.about.com/od/commands/l/blcmdl1_zip.htm

2. Livres

1. Axmark, D, Widenius, M, Cole, J, Lentz, A, DuBois, P, "MySQL Reference
Manual.", 2002.

2. Wall, L, Christiansen, T, Orwant, J, "Programmation en Perl.", *O'Reilly*, 2001,
1044.

3. Publications

1. Ashburner, M, Ball, CA, Blake, JA, Botstein, D, Butler, H, Cherry, JM, Davis, AP,
Dolinski, K, Dwight, SS, Eppig, JT, Harris, MA, Hill, DP, Issel-Tarver, L, Kasarskis,
A, Lewis, S, Matese, JC, Richardson, JE, Ringwald, M, Rubin, GM, Sherlock, G,
"Gene ontology: tool for the unification of biology. The Gene Ontology
Consortium.", *Nat Genet*, 2000, 25-9.

2. Conte, MG, Gaillard, S, Lanau, N, Rouard, M, Perin, C, "GreenPhylDB: a
database for plant comparative genomic."(en cours de soumission).

3. Doms, A, Schroeder, M, "GoPubMed: exploring PubMed with the Gene
Ontology.", *Nucleic Acids Res*, 2005, W783-6.

4. Droc, G, Ruiz, M, Larmande, P, Pereira, A, Piffanelli, P, Morel, JB, Dievart, A,
Courtois, B, Guiderdoni, E, Perin, C, "OryGenesDB: a database for rice reverse
genetics.", *Nucleic Acids Res*, 2006, D736-40.

5. Gene Ontology Consortium, "The Gene Ontology (GO) project in 2006.", *Nucleic
Acids Res*, 2006, D322-6.

6. Harris, MA, Clark, J, Ireland, A, Lomax, J, Ashburner, M, Foulger, R, Eilbeck, K,
Lewis, S, Marshall, B, Mungall, C, Richter, J, Rubin, GM, Blake, JA, Bult, C, Dolan,
M, Drabkin, H, Eppig, JT, Hill, DP, Ni, L, Ringwald, M, Balakrishnan, R, Cherry,

JM, Christie, KR, Costanzo, MC, Dwight, SS, Engel, S, Fisk, DG, Hirschman, JE, Hong, EL, Nash, RS, Sethuraman, A, Theesfeld, CL, Botstein, D, Dolinski, K, Feierbach, B, Berardini, T, Mundodi, S, Rhee, SY, Apweiler, R, Barrell, D, Camon, E, Dimmer, E, Lee, V, Chisholm, R, Gaudet, P, Kibbe, W, Kishore, R, Schwarz, EM, Sternberg, P, Gwinn, M, Hannick, L, Wortman, J, Berriman, M, Wood, V, de la Cruz, N, Tonellato, P, Jaiswal, P, Seigfried, T, White, R, , , "The Gene Ontology (GO) database and informatics resource.", *Nucleic Acids Res*, 2004, D258-61.

7. Hill, DP, Blake, JA, Richardson, JE, Ringwald, M, "Extension and integration of the gene ontology (GO): combining GO vocabularies with external vocabularies.", *Genome Res*, 2002, 1982-91.

8. Larmande, P, Gay, C, Lorieux, M, "Oryza Tag Line, a phenotypic mutant database for the Génoplante rice insertion line library."(en cours de soumission).

9. Shah, PK, Perez-Iratxeta, C, Bork, P, Andrade, MA, "Information extraction from full text scientific articles: Where are the keywords?", *BMC Bioinformatics*, 2003, 20.

Logiciels utilisés:

- ArgoUML (v. 0.24) : Logiciel qui nous a permis de réaliser les modèles en UML (cas d'utilisation et diagrammes de séquence)
- DBDesigner (v. 4) : Logiciel utilisé ici pour effectuer la modélisation de la base de données
- EndNote (v. 5 et 10) : Logiciel de gestion de bibliographies
- Firefox (v. 2.0.0.4)
- MySQL (Valois v. 4.0.18 et Bassigny v. 5.0.37) : Système de Gestion de Base de Données
- Notepad++ (v. 3.9) : Editeur de texte utilisé pour rédiger les scripts Perl
- OpenOffice (v. 2.1) : Suite bureautique complète libre
- Perl (Valois v. 5.8.7 et Bassigny v. 5.8.5)
- phpMyAdmin (Valois v. 2.2.3 et Bassigny v. 2.10.0.2) : Outil web pour l'administration de base de données MySQL
- Serveur Apache
- WS_FTP32 : Logiciel permettant d'effectuer le transfert des fichiers en mode FTP
- X-Win32 (v. 5.1.2) : Programme qui permet d'avoir un terminal sur le serveur à distance

ANNEXES

Annexe 1 : Exemple de publication extraite de PubMed au format XML

1/2

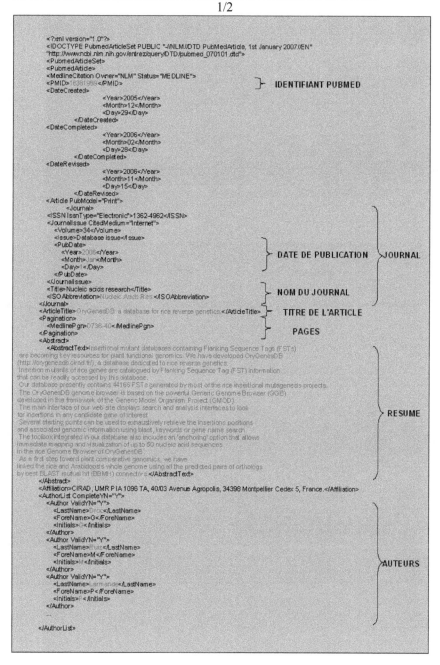

```
<Language>eng<Language>
    <PublicationTypeList>
        <PublicationType>Journal Article</PublicationType>                  ⇒ TYPE
        <PublicationType>Research Support, Non-U.S. Govt </PublicationType>
    </PublicationTypeList>
</Article>
<MedlineJournalInfo>
    <Country>England</Country>
    <MedlineTA>Nucleic Acids Res</MedlineTA>
    <NlmUniqueID>0411011</NlmUniqueID>
</MedlineJournalInfo>
<ChemicalList>
    <Chemical>
        <RegistryNumber>0</RegistryNumber>
        <NameOfSubstance>Plant Proteins</NameOfSubstance>
    </Chemical>
</ChemicalList>
<CitationSubset>IM</CitationSubset>
<MeshHeadingList>
    <MeshHeading>
        <DescriptorName MajorTopicYN="N">Chromosome Mapping</DescriptorName>
    </MeshHeading>
    <MeshHeading>
        <DescriptorName MajorTopicYN="Y">Databases, Genetic </DescriptorName>
    </MeshHeading>
    <MeshHeading>
        <DescriptorName MajorTopicYN="Y">Genes, Plant </DescriptorName>       } MeSH
    </MeshHeading>

        ...

</MeshHeadingList>
</MedlineCitation>
<PubmedData>
    <History>
        <PubMedPubDate PubStatus="pubmed">
            <Year>2005</Year>
            <Month>12</Month>
            <Day>31</Day>
            <Hour>9</Hour>
            <Minute>0</Minute>
        </PubMedPubDate>
        <PubMedPubDate PubStatus="medline">
            <Year>2006</Year>
            <Month>3</Month>
            <Day>1</Day>
            <Hour>9</Hour>
            <Minute>0</Minute>
        </PubMedPubDate>
    </History>
    <PublicationStatus>ppublish</PublicationStatus>
    <ArticleIdList>
        <ArticleId IdType="pii">34/suppl_1/D736</ArticleId>
        <ArticleId IdType="doi">10.1093/nar/gkj012</ArticleId>
        <ArticleId IdType="pubmed">16381969</ArticleId>
    </ArticleIdList>
    </PubmedData>
</PubmedArticle>
</PubmedArticleSet>
```

Annexe 2 : Illustration de la recherche du fichier PDF d'un article scientifique

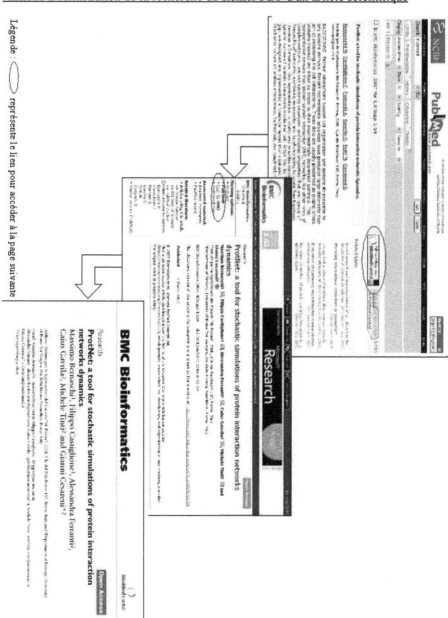

Légende : ⬭ représente le lien pour accéder à la page suivante

```
                          – Base de données: `BIBLIOTROP`
                          – ------------------------------


– ------------------------------
– Structure de la table `PUBLICATION_TEMP`

CREATE TABLE `PUBLICATION_TEMP` (`PUB_TEMP_ID` int(6) NOT NULL auto_increment,
`PROJECT_ID` int(11) NOT NULL default '0', `PMID` varchar(100) default NULL,
`UID` varchar(100) default NULL, `TITLE` longtext NOT NULL, `AUTHORS` longtext NOT NULL,
`RESUME` text, `JOURNAL` varchar(100) default NULL, `DATE` varchar(50) default NULL,
`PAGES` varchar(50) default NULL, `TYPE` varchar(50) default NULL, `MESH` longtext NOT NULL,
 PRIMARY KEY (`PUB_TEMP_ID`)
)ENGINE=MyISAM  DEFAULT CHARSET=latin1;


– ------------------------------
– Structure de la table `PROJECT`

CREATE TABLE `PROJECT` (`PROJECT_ID` int(11) NOT NULL auto_increment,
`USER_ID` int(11) NOT NULL default '0', `PROJECT_NAME` varchar(100) NOT NULL default '',
`QUERY` text NOT NULL, `PMID_validated_list` text, `PMID_rejected_list` text,
 PRIMARY KEY (`PROJECT_ID`)
)ENGINE=MyISAM  DEFAULT CHARSET=latin1;


– ------------------------------
– Structure de la table `USER`

CREATE TABLE `USER` (`USER_ID` int(6) NOT NULL auto_increment, `NAME` varchar(100) NOT NULL default '',
`EMAIL` varchar(100) default NULL, `LOGIN` varchar(100) default NULL, `PASSWORD` varchar(100) default NULL,
`SESSION` varchar(40) default NULL,
 PRIMARY KEY (`USER_ID`,`NAME`)
)ENGINE=MyISAM  DEFAULT CHARSET=latin1;


– ------------------------------
– Structure de la table `KEYWORD_PERSO`

CREATE TABLE `KEYWORD_PERSO` (`KEYWORD_PERSO_ID` int(10) NOT NULL auto_increment,
`KEYWORD_PERSO` varchar(100) NOT NULL default '',
 PRIMARY KEY (`KEYWORD_PERSO`),
 KEY `KEYWORD_PERSO_ID` (`KEYWORD_PERSO_ID`)
)ENGINE=MyISAM  DEFAULT CHARSET=latin1;


– ------------------------------
– Structure de la table `ANNOTE_PERSO2`

CREATE TABLE `ANNOTE_PERSO2` (`USER_ID` int(6) NOT NULL default '0', `PUB_ID` int(6) NOT NULL default '0',
`KEYWORD_PERSO_ID` int(10) NOT NULL default '0',
`ANNOTE_PERSO2_ID` int(10) unsigned NOT NULL auto_increment,
 PRIMARY KEY (`USER_ID`,`PUB_ID`,`KEYWORD_PERSO_ID`),
 KEY `ANNOTE_PERSO2_ID` (`ANNOTE_PERSO2_ID`)
)ENGINE=MyISAM  DEFAULT CHARSET=latin1;


– ------------------------------
– Structure de la table `ANNOTE_NOTES`

CREATE TABLE `ANNOTE_NOTES` (`USER_ID` int(6) NOT NULL default '0', `PUB_ID` int(6) NOT NULL default '0',
`NOTES_COM` text, `ANNOTE_NOTES_ID` int(10) unsigned NOT NULL auto_increment,
 PRIMARY KEY (`USER_ID`,`PUB_ID`),
 KEY `ANNOTE_NOTES_ID` (`ANNOTE_NOTES_ID`)
)ENGINE=MyISAM  DEFAULT CHARSET=latin1;


– ------------------------------
– Structure de la table `ANNOTE_KEYWORDS`

CREATE TABLE `ANNOTE_KEYWORDS` (`USER_ID` int(6) NOT NULL default '0', `PUB_ID` int(6) NOT NULL default '0',
`KEYWORD_ID` int(10) NOT NULL default '0', `ANNOTE_KEYWORDS_ID` int(10) unsigned NOT NULL auto_increment,
 PRIMARY KEY (`USER_ID`,`PUB_ID`,`KEYWORD_ID`),
 KEY `ANNOTE_KEYWORDS_ID` (`ANNOTE_KEYWORDS_ID`)
)ENGINE=MyISAM  DEFAULT CHARSET=latin1;


– ------------------------------
– Structure de la table `KEYWORD`

CREATE TABLE `KEYWORD` (`KEYWORD_ID` int(10) NOT NULL auto_increment,
`KEYWORD` varchar(100) NOT NULL default '',
 PRIMARY KEY (`KEYWORD`),
 KEY `KEYWORD_ID` (`KEYWORD_ID`)
)ENGINE=MyISAM  DEFAULT CHARSET=latin1;
```

```
-- ---------------------------------
-- Structure de la table `ANNOTE_MESH`

CREATE TABLE `ANNOTE_MESH` (`PUB_ID` int(6) NOT NULL default '0', `MESH_ID` int(10) NOT NULL default '0',
 `ANNOTE_MESH_ID` int(10) unsigned NOT NULL auto_increment,
 PRIMARY KEY (`PUB_ID`,`MESH_ID`),
 KEY `ANNOTE_MESH_ID` (`ANNOTE_MESH_ID`)
) ENGINE=MyISAM DEFAULT CHARSET=latin1;

-- ---------------------------------
-- Structure de la table `MESH`

CREATE TABLE `MESH` (
 `MESH_ID` int(10) NOT NULL auto_increment,
 `MESH` varchar(100) NOT NULL default '',
 KEY `MESH_ID` (`MESH_ID`)
) ENGINE=MyISAM DEFAULT CHARSET=latin1;

-- ---------------------------------
-- Structure de la table `PUBLICATION`

CREATE TABLE `PUBLICATION` (`PUB_ID` int(6) NOT NULL auto_increment, `PMID` varchar(100) default NULL,
 `UID` varchar(100) default NULL, `TITLE` longtext NOT NULL, `AUTHORS` longtext NOT NULL, `RESUME` text,
 `JOURNAL` varchar(100) default NULL, `DATE` varchar(50) default NULL, `PAGES` varchar(50) default NULL,
 `TYPE` varchar(50) default NULL, `PDF` tinyint(1) NOT NULL,
 PRIMARY KEY (`PUB_ID`)
) ENGINE=MyISAM DEFAULT CHARSET=latin1;

-- ---------------------------------
-- Structure de la table `GROUPE`

CREATE TABLE `GROUPE` (`GROUP_ID` int(11) NOT NULL auto_increment,
 `GROUP_NAME` varchar(100) NOT NULL default '', `DESCRIPTION` text NOT NULL,
 `MEMBERS` text, `ADMINISTRATEUR` int(11) NOT NULL default '0', `PUB_ID_GROUP` text,
 PRIMARY KEY (`GROUP_ID`)
) ENGINE=MyISAM DEFAULT CHARSET=latin1;

-- ---------------------------------
-- Structure de la table `ANNOTE_NOTES_GROUP`

CREATE TABLE `ANNOTE_NOTES_GROUP` (`GROUP_ID` int(6) NOT NULL default '0',
 `PUB_ID` int(6) NOT NULL default '0', `USER_ID` int(6) NOT NULL default '0', `NOTES_GROUP` text,
 `ANNOTE_NOTES_GROUP_ID` int(10) unsigned NOT NULL auto_increment,
 PRIMARY KEY (`GROUP_ID`,`PUB_ID`,`USER_ID`),
 KEY `ANNOTE_NOTES_GROUP_ID` (`ANNOTE_NOTES_GROUP_ID`)
) ENGINE=MyISAM DEFAULT CHARSET=latin1;

-- ---------------------------------
-- Structure de la table `ANNOTE_NOTES_PERSO`

CREATE TABLE `ANNOTE_NOTES_PERSO` (`USER_ID` int(6) NOT NULL default '0',
 `PUB_ID` int(6) NOT NULL default '0', `NOTES_PERSO` text,
 `ANNOTE_NOTES_PERSO_ID` int(10) unsigned NOT NULL auto_increment,
 PRIMARY KEY (`USER_ID`,`PUB_ID`),
 KEY `ANNOTE_NOTES_PERSO_ID` (`ANNOTE_NOTES_PERSO_ID`)
) ENGINE=MyISAM DEFAULT CHARSET=latin1;

-- ---------------------------------
-- Structure de la table `ANNOTE_GENE_INFO`

CREATE TABLE `ANNOTE_GENE_INFO` (`GENE_INFO_ID` int(6) NOT NULL default '0',
 `PUB_ID` int(6) NOT NULL default '0',
 `ANNOTE_GENE_INFO_ID` int(10) unsigned NOT NULL auto_increment,
 PRIMARY KEY (`GENE_INFO_ID`,`PUB_ID`),
 KEY `ANNOTE_GENE_INFO_ID` (`ANNOTE_GENE_INFO_ID`)
) ENGINE=MyISAM DEFAULT CHARSET=latin1;

-- ---------------------------------
-- Structure de la table `GENE_INFO`

CREATE TABLE `GENE_INFO` ( `GENE_INFO_ID` int(6) NOT NULL auto_increment,
 `GENE_INFO_TYPE` enum('FST','UniProt','Gene Name','GO') NOT NULL,
 `GENE_INFO` varchar(20) NOT NULL,
 PRIMARY KEY (`GENE_INFO_TYPE`,`GENE_INFO`),
 KEY `GENE_INFO_ID` (`GENE_INFO_ID`)
) ENGINE=MyISAM DEFAULT CHARSET=latin1;
```

Annexe 4 : Légende des cas d'utilisation

Symbole	Signification
(acteur - figure stylisée)	Acteur : personne ou composant à l'origine d'une interaction avec le système
(ellipse)	Cas d'utilisation
1 ——1——>	Relation
<<extend>> ⊢ - - - - - ->>	Relation d'extension : le cas d'utilisation source étend les objets du cas d'utilisation destination
<<include>> - - - - - ->>	Relation d'utilisation : le cas d'utilisation source contient aussi le comportement décrit dans le cas d'utilisation destination

Annexe 5 : Légende des diagrammes de séquence

Symbole	Signification
(rectangle) USER:	Entités ou acteurs, dans nos différents diagrammes de séquences il s'agit de sous-systèmes dans un modèle d'un système complexe (USER, BIBLIOTROP, BIBLIOTROP DB, ENDNOTE, PUBMED)
——————▶	Lancement d'une action
⇐ - - - - - - - - -	Retour de l'action
(bande d'activation)	Bande d'activation
(ligne pointillée verticale)	Ligne de vie

Annexe 6 : Modèle navigationnel

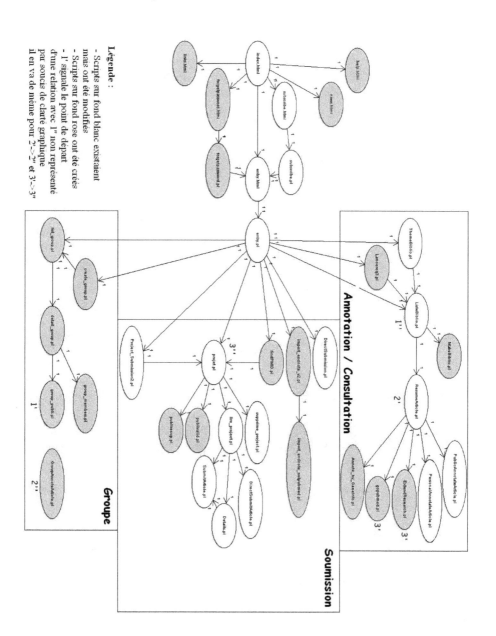

Annexe 7 : Tableau récapitulatif des scripts de BIBLIOTROP

1/2

Domaine	Nom des scripts	Rôle
Annotation	PersonalAnnoteArticle.pl	Faire des annotations personnelles sur une publication
Annotation	PublicAnnoteArticle.pl	Faire des annotations publiques sur une publication
Annotation	GroupAnnoteArticle.pl	Permet de faire une annotation dans le cadre d'un groupe
Annotation	Annote_by_GeneInfo.pl	Faire des annotations sur l'information génétique de tel ou tel publication
Consultation	ResumeArticle.pl	Permet de visualiser la fiche d'une publication
Consultation	ThemeBiblio.pl	Afficher la liste des mots clés personnels ou publics
Consultation	Lancereq3.pl	Interface la création de requêtes complexes d'interrogation
Consultation	ListeBiblio.pl	Afficher la liste des publications globales, d'un mot clé avec la possibilités de les exporter vers EndNote ou bien de les ajouter à un groupe
Consultation	MakeBiblio.pl	Générer un fichier de bibliographie au format RTF
Consultation	details.pl	Détails d'une publication à valider ou à rejeter
Général	entry.pl	Affiche le menu principal avec les différentes options publiques, personnelles ou de groupe
Groupe	group_publi.pl	Permet de gérer les publications d'un groupe
Groupe	list_group.pl	Permet d'afficher la liste des groupes
Groupe	create_group.pl	Permet la création de groupes
Groupe	detail_group.pl	Permet de visualiser la fiche d'un groupe
Groupe	group_members.pl	Permet de gérer les membres d'un groupe
Inscription	subscribe.pl	permet l'inscription de nouveaux utilisateurs
Inscription	forgetpassword.pl	récupération de mot de passe oublié par l'envoi d'un email

Légende :
- Nom des scripts avec un fond blanc représente les scripts existant à mon arrivée, mais qui ont été modifiés
- Nom des scripts avec un fond violet ont été créés

Projet	projet.pl	Bilan des projets de recherche bibliographique, en cours, pour un utilisateur donné
Projet	supprime_project.pl	supprimer un projet donné
Projet	findPMID.pl	Permet à partir d'un identifiant de gene ontology, gene name ou encore FST, de trouver les PMID des publications associées depuis Amigo ou NCBI, et nous donne la possibilité d'en faire un projet
Projet	ExtendResearch.pl	proposer à l'utilisateur des projets de recherche suivant les auteurs et MeSH Terms d'une publication
Projet	gopubmed.pl	proposer à l'utilisateur des projets de recherche suivant la GO associée dans GoPubMed d'une publication
Projet	Project_Submission2.pl	permet de soumettre un nouveau projet de recherche bibliographique
Projet	lire_project.pl	Affiche la liste des publications à valider ou à rejeter pour un projet donné
Projet	publirecup.pl	Permet de récupérer des publications qui ont été réjétées
Projet	publivalid.pl	Permet de supprimer des publications qui ont été validées
Soumission	DirectSubmitArticle.pl	Permet de soumettre directement un ensemble de publications sans faire d'annotation particulière
Soumission	DirectSubmission.pl	Permet de soumettre manuellement une publication (saisie de tous les champs) ou bien par l'identifiant PubMed PMID
Soumission	SubmitArticle.pl	Permet de soumettre une publication et de réaliser des annotations sur celle-ci
Soumission	import_endnote_v2.pl	permet de parser un fichier d'export d'EndNote, d'intéroger Pubmed en fonction de son contenu et d'insérer les nouvelles publications dans BIBLIOTROP DB
Soumission	import_endnote_notpubmed.pl	Fichier qui permet la soumission de publication non trouvée dans PubMed provenant du fichier d'export d'EndNote
Configuration	Config.pl	Fichier de configuration qui contient les paramètres de connection à la base de données, les chemins d'accès aux fichiers, fichier requis pour tous les autres scripts

Annexe 8 : Illustration de la recherche de publications associées à un « gene name » par le NCBI

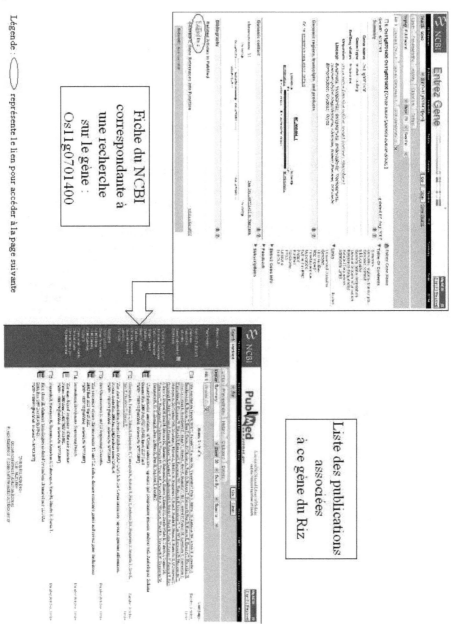

Légende : ⬭ représente le lien pour accéder à la page suivante

Brusklevich, R., G. Davenport, et al. (2006). Generation Challenge Programme (GCP): Standards for Crop Data. OMICS: 215-9.
    The Generation Challenge Programme (GCP) is an international research consortium striving to apply molecular biological advances to crop improvement for developing countries. Central to its activities is the creation of a next generation global crop information platform and network to share genetic resources, genomics, and crop improvement information. This system is being designed based on a comprehensive scientific domain object model and associated shared ontology. This model covers germplasm, genotype, phenotype, functional genomics, and geographical information data types needed in GCP research.
This paper provides an overview of this modeling effort. This paper is part of the special issue of OMICS on data standards.

Pugnere, D., M. Ruiz, et al. (2003). The MetaFMF website: a high quality tool for meta-analysis of FMF. Nucleic Acids Res: 286-90.
    We present here the MetaFMF database (freely accessible at http://fmf.igh.cnrs.fr/metaFMF/index_us.html) that attempts to gather and unify, in a common resource, data on phenotype-genotype correlation in familial Mediterranean fever (FMF). A single accession form, including a large number of quality controls, has been implemented such that data, collected worldwide, are included in an homogeneous manner. The inclusion criterion has the objective to avoid interpretational bias: patients will be included only if they bear at least two mutations. The clinical form has been set up by an international editorial board (12 FMF expert centres), which guarantees the validity of the data. Data are anonymous and submitted by a secure interface, in which the researcher is logged in with a specific ID and password. A pilot study on 211 patients has shown the feasibility and relevance of this project. We anticipate that the use of MetaFMF will enable reliable assessment of phenotype-genotype correlations in FMF, and define a set of severe versus mild mutations/genotypes. It should also highlight reasons for previous inconsistencies in such correlations.

Ruiz, M., V. Giudicelli, et al. (2000). IMGT, the international ImMunoGeneTics database. Nucleic Acids Res: 219-21.
    IMGT, the international ImMunoGeneTics database (http://imgt.cines.fr:8104), is a high-quality integrated database specialising in immunoglobulins (Ig), T cell Receptors (TcR) and Major Histocompatibility Complex (MHC) molecules of all vertebrate species, created in 1989 by Marie-Paule Lefranc, Universite Montpellier II, CNRS, Montpellier, France (lefranc@ligm.igh.cnrs.fr).
At present, IMGT includes two databases: IMGT/LIGM-DB, a comprehensive database of Ig and TcR from human and other vertebrates, with translation for fully annotated sequences, and IMGT/HLA-DB, a database of the human MHC referred to as HLA (Human Leucocyte Antigens). The IMGT server provides a common access to expertized genomic, proteomic, structural and polymorphic data of Ig and TcR molecules of all vertebrates. By its high quality and its easy data distribution, IMGT has important implications in medical research (repertoire in autoimmune diseases, AIDS, leukemias, lymphomas), therapeutic approaches (antibody engineering), genome diversity and genome evolution studies. IMGT is freely available at http://imgt.cines.fr:8104. The IMGT Index is provided at the IMGT Marie-Paule page (http://imgt.cines.fr:8104/textes/IMGTindex.html).

A	B	C	D	E	F	G
a	b	c	d	e	f	g
about	back	came	did	each	face	gave
above	backed	can	differ	early	faces	general
across	backing	cannot	different	either	fact	generally
after	backs	case	differently	end	facts	get
again	be	cases	do	ended	far	gets
against	became	certain	does	ending	felt	give
all	because	certainly	done	ends	few	given
almost	become	clear	down	enough	find	gives
alone	becomes	clearly	downed	even	finds	go
along	been	come	downing	evenly	first	going
already	before	could	downs	ever	for	good
also	began		during	every	four	goods
although	behind			everybody	from	got
always	being			everyone	full	great
among	beings			everything	fully	greater
an	best			everywhere	further	greatest
and	better				furthered	group
another	between				furthering	grouped
any	big				furthers	grouping
anybody	both					groups
anyone	but					
anything	by					
anywhere						
are						
area						
areas						
around						
as						
ask						
asked						
asking						
asks						
at						
away						

H	I	J/K	L	M	N	O
h	i	j	l	m	n	o
had	if	just	large	made	necessary	of
has	important		largely	make	need	off
have	in	k	last	making	needed	often
having	interest	keep	later	man	needing	old
he	interested	keeps	latest	many	needs	older
her	interesting	kind	least	may	never	oldest
here	interests	knew	less	me	new	on
herself	into	know	let	member	newer	once
high	is	known	lets	members	newest	one
higher	it	knows	like	men	next	only
highest	its		likely	might	no	open
him	itself		long	more	nobody	opened
himself			longer	most	non	opening
his			longest	mostly	noone	opens
how				mr	not	or
however				mrs	nothing	order
				much	now	ordered
				must	nowhere	ordering
				my	number	orders
				myself	numbers	other
						others
						our
						out
						over

P	Q/R	S	T	U/V	W	X/Y/Z
p	q	s	t	u	w	x
part	quite	said	take	under	want	
parted		same	taken	until	wanted	y
parting	r	saw	than	up	wanting	year
parts	rather	say	that	upon	wants	years
per	really	says	the	us	was	yet
perhaps	right	second	their	use	way	you
place	room	seconds	them	used	ways	young
places	rooms	see	then	uses	we	younger
point		seem	there		well	youngest
pointed		seemed	therefore	v	wells	your
pointing		seeming	these	very	went	yours
points		seems	they		were	
possible		sees	thing		what	z
present		several	things		when	
presented		shall	think		where	
presenting		she	thinks		whether	
presents		should	this		which	
problem		show	those		while	
problems		showed	though		who	
put		showing	thought		whole	
puts		shows	thoughts		whose	
		side	three		why	
		sides	through		will	
		since	thus		with	
		small	to		within	
		smaller	today		without	
		smallest	together		work	
		so	too		worked	
		some	took		working	
		somebody	toward		works	
		someone	turn		would	
		something	turned			
		somewhere	turning			
		state	turns			
		states	two			
		still				
		such				
		sure				

Annexe 11 : Exemple de fichier réalisé pour extraire des publications de BIBLIOTROP et pouvoir les importer dans EndNote

```
%O Journal Article
%A Ruiz, M
%A Giudicelli, V
%A Ginestoux, C
%A Stoehr, P
%A Robinson, J
%A Bodmer, J
%A Marsh, SG
%A Bontrop, R
%A Lemaitre, M
%A Lefranc, G
%A Chaume, D
%A Lefranc, MP
%D 2000
%P 219-21
%T IMGT, the international ImMunoGeneTics database.
%J Nucleic Acids Res
%X IMGT, the international ImMunoGeneTics database (http://imgt.cines.fr:8104), is a high-quality integrated database
   specialising in immunoglobulins (Ig), T cell Receptors (TcR) and Major Histocompatibility Complex (MHC) molecules of all vertebrate species,
   created in 1989 by Marie-Paule Lefranc, Universite Montpellier II, CNRS, Montpellier, France (lefranc@ligm.igh.cnrs.fr).
   At present, IMGT includes
   two databases: IMGT/LIGM-DB, a comprehensive database of Ig and TcR
   from human and other vertebrates, with translation for fully annotated sequences, and IMGT/HLA-DB,
   a database of the human MHC referred to as HLA (Human Leucocyte Antigens).
   The IMGT server provides a common access to expertized genomic, proteomic,
   structural and polymorphic data of Ig and TcR molecules of all vertebrates.
   By its high quality and its easy data distribution, IMGT has important implications
   in medical research (repertoire in autoimmune diseases, AIDS, leukemias, lymphomas),
   therapeutic approaches (antibody engineering),
   genome diversity and genome evolution studies.
   IMGT is freely available at http://imgt.cines.fr:8104. The IMGT Index is provided at the IMGT
   Marie-Paule page (http://imgt.cines.fr:8104/textes/IMGTindex.html).
%R 10592230

%O Journal Article
%A Pugnere, D
%A Ruiz, M
%A Sarrauste de Menthiere, C
%A Masdoua, B
%A Demaille, J
%A Touitou, I
%D 2003
%P 286-90
%T The MetaFMF website: a high quality tool for meta-analysis of FMF.
%J Nucleic Acids Res
%X We present here the MetaFMF database (freely accessible at http://fmf.igh.cnrs.fr/metaFMF/index_us.html)
   that attempts to gather and unify, in a common resource, data on phenotype-genotype
   correlation in familial Mediterranean fever (FMF).
   A single accession form, including a large number of quality controls, has been implemented such that data, collected worldwide,
   are included in an homogeneous manner. The inclusion criterion has the objective to avoid interpretational bias: patients will be included only
   if they bear at least two mutations. The clinical form has been set up by an International editorial board (12 FMF expert centres),
   which guarantees the validity of the data. Data are anonymous and submitted by a secure interface,
   in which the researcher is logged in with a specific ID and password.
   A pilot study on 211 patients has shown the feasibility and relevance of this project.
   We estimate that the use of MetaFMF will enable reliable assessment of phenotype-genotype correlations in FMF,
   and define a set of severe versus mild mutations/genotypes. It should also highlight reasons for previous inconsistencies in such correlations.
%R 12520004

%O Journal Article
%A Bruskiewich, R
%A Davenport, G
%A Hazekamp, T
%A Metz, T
%A Ruiz, M
%A Simon, R
%A Lee, J
%A Senger, M
%A McLaren, G
%A Hintum, TV
%D 2006
%P 215-9
%T Generation Challenge Programme (GCP): Standards for Crop Data.
%J OMICS
%X The Generation Challenge Programme (GCP) is an international research consortium striving to apply molecular biological advances
   to crop improvement for developing countries. Central to its activities is the creation of a next generation global crop information platform
   and network to share genetic resources, genomics, and crop improvement information.
   This system is being designed based on a comprehensive scientific domain object model
   and associated shared ontology. This model covers germplasm, genotype, phenotype, functional genomics,
   and geographical information data types needed in GCP research. This paper provides an overview of this modeling effort.
   This paper is part of the special issue of OMICS on data standards.
%R 16901229
```

Annexe 12 : Fichier de Bibliographie RTF

Code rtf brut (lu par Notepad++) :

```
{\rtf\ansi{\fonttbl\f0\froman Times New Roman;}{\colortbl;\red255\green255\blue255;}\pard\f0
1. Bruskiewich, R, Davenport, G, Hazekamp, T, Metz, T, Ruiz, M, Simon, R, Lee, J, Senger, M, McLaren, G, Hintum, TV,
\uc0\u8220Generation Challenge Programme (GCP): Standards for Crop Data.\uc0\u8221, \i OMICS\i0, 2006, 215-9.\
\
2. Droc, G, Ruiz, M, Larmande, P, Pereira, A, Piffanelli, P, Morel, JB, Dievart, A, Courtois, B, Guiderdoni, E, Perin, C,
\uc0\u8220OryGenesDB: a database for rice reverse genetics.\uc0\u8221, \i Nucleic Acids Res\i0, 2006, D736-40.\
\
3. Ruiz, M, Lefranc, MP,
\uc0\u8220IMGT gene identification and Colliers de Perles of human immunoglobulins with known 3D structures.\uc0\u8221,
\i Immunogenetics\i0, 2002, 857-83.\
\
4. Ruiz, M, Rouard, M, Raboin, LM, Lartaud, M, Lagoda, P, Courtois, B,
\uc0\u8220TropGENE-DB, a multi-tropical crop information system.\uc0\u8221, \i Nucleic Acids Res\i0, 2004, D364-7.}
```

Code rtf interprété (lu par Word) :

1. Bruskiewich, R, Davenport, G, Hazekamp, T, Metz, T, Ruiz, M, Simon, R, Lee, J, Senger, M, McLaren, G, Hintum, TV,
"Generation Challenge Programme (GCP): Standards for Crop Data.", *OMICS*, 2006, 215-9.

2. Droc, G, Ruiz, M, Larmande, P, Pereira, A, Piffanelli, P, Morel, JB, Dievart, A, Courtois, B, Guiderdoni, E, Perin, C,
"OryGenesDB: a database for rice reverse genetics.", *Nucleic Acids Res*, 2006, D736-40.

3. Ruiz, M, Lefranc, MP,
"IMGT gene identification and Colliers de Perles of human immunoglobulins with known 3D structures.",
Immunogenetics, 2002, 857-83.

4. Ruiz, M, Rouard, M, Raboin, LM, Lartaud, M, Lagoda, P, Courtois, B,
"TropGENE-DB, a multi-tropical crop information system.", *Nucleic Acids Res*, 2004, D364-7.

Annexe 13 : Captures d'écran de BIBLIOTROP, différentes fonctionnalités de notre outil suivant les trois niveaux d'accès (PUBLIC, PERSO, GROUP)

1) Publiques

Home
☒ PUBLIC ○ PERSO ○ GROUP
┌─ **PUBLIC** ──────────────────────────
│
│ Global List references in Bibliotrop-DB
│
│ List of public keywords
│
│ Query Advanced
│
└──────────────────

2) Personnelles

Home
○ PUBLIC ⊙ PERSO ○ GROUP
┌─ **PERSONAL** ──────────────────────────
│ **Consultation** :
│
│ List on your publications of personal base
│
│ List of personnal keywords
│
│ Query Advanced on your publications of personal base
│
│ **Submission** :
│
│ Gestion of your projects of the automatically bibliographic research
│
│ Submission of one project bibliographical survey
│
│ Manual submission of the publications
│
│ Import EndNote
│
│ **Research** :
│
│ Research by Gene Information
│
└──────────────────

3) Communautaires

Home
○ PUBLIC ○ PERSO ☒ GROUP
┌─ **GROUP** ──────────────────────────
│
│ Create a group
│
│ List of group
│
└──────────────────

Annexe 14 : Captures d'écran de BIBLIOTROP, illustration de la gestion de projet

1) Formulaire de création de projet, Project_Submission2.pl

2) Gestion des projets d'un utilisateur, projet.pl

3) Édition d'un projet, lire_project.pl

4) Fiche de validation / rejet de publication, details.pl

5) Formulaire de récupération, publirecup.pl

6) Formulaire de suppression de publications validées par erreur, publivalid.pl

Annexe 15 : Captures d'écran de BIBLIOTROP, illustration d'une importation depuis EndNote

1) Choix du fichier texte pour faire une importation depuis un fichier EndNote, import_endnote_v2.pl

Home > Import EndNote   Help▢

IMPORT

Select your export file EndNote :
[_____] [Parcourir]

[submit] [reset]

2) Résultat du traitement du fichier, import_endnote_v2.pl

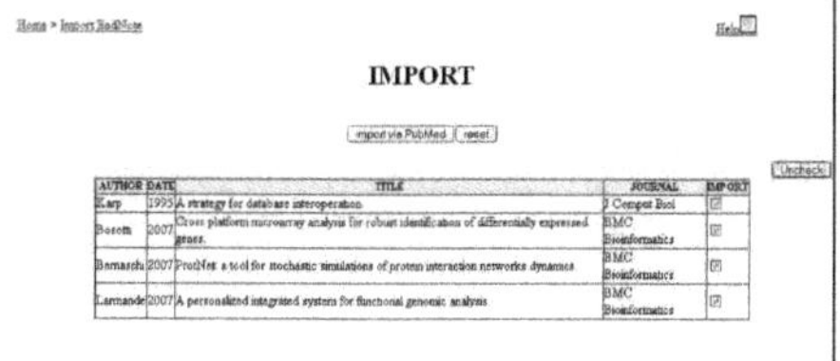

Home > Import EndNote   Help▢

IMPORT

[import via PubMed] [reset]

[Checkbox]

AUTHOR	DATE	TITLE	JOURNAL	IMPORT
Karp	1995	A strategy for database interoperation	J Comput Biol	☑
Booth	2007	Cross platform microarray analysis for robust identification of differentially expressed genes.	BMC Bioinformatics	☑
Bernardo	2007	ProbRes a tool for stochastic simulations of protein interaction networks dynamics	BMC Bioinformatics	☑
Larmande	2007	A personalized integrated system for functional genomic analysis	BMC Bioinformatics	☑

3) Résultat de l'interrogation de PubMed, import_endnote_v2.pl

Home > Import EndNote   Help▢

IMPORT

TITLE	AUTHORS	JOURNAL	PAGES	DATE	STATUS
A strategy for database interoperation	Karp, PD	J Comput Biol	573-582	1995	NOT NEW
Cross platform microarray analysis for robust identification of differentially expressed genes.	Bosotti, R, Locatelli, G, Healy, S, Stanchi, E, Sartori, L, Mercurio, C, Calogero, R, Isacchi, A	BMC Bioinformatics	85	2007	NOT NEW
ProbRes a tool for stochastic simulations of protein interaction networks dynamics	Bernaschi, M, Castiglione, F, Ferranti, A, Gavrila, C, Tini, M, Cesareni, G	BMC Bioinformatics	64	2007	NOT NEW
A personalized integrated system for functional genomic analysis	Larmande, P., Frommène, S., Droc, G	BMC Bioinformatics		2007	NEW NOT PUBMED

4) Fiche pré-remplie correspondante à une publication non trouvée dans PubMed, import_endnote_notpubmed.pl

Home > Import EndNote   Help▢

IMPORT VIA ENDNOTE (NOT IN PUBMED)

Title
A personalized integrated system for functional genomic analysis.

Authors
Larmande, P., Frommène, S., Droc, G.

Journal
BMC bioinformatics

Date
2007

Pages

Abstract
Background: First functional genomic requires data integration from several resources. [...illegible abstract text...]

Notes

Keywords

To deposit article (PDF) :
[_____] [Parcourir]

[submit] [reset]

69

Annexe 16 : Captures d'écran de BIBLIOTROP, recherche de publications par un identifiant UniProt

Home > Gene Information

○ Gene Ontology ○ Gene Name ○ FST ⦿ UniProt

Research by UniProt

UniProt: [Q9SLH3   ] like Q9SLH3

[Find Publication] [reset]

Research PMID by UniProt:Q9SLH3(Expasy) or Q9SLH3(NCBI)

PMID :

9237632,9389651,10617197,14593172,9490740,11606551,11606552,11717468,11877383,12610625, 12724538,14615596,14973286,15155881,15161962,15173565,15128937,16034591,15734906

[Make Project]

Annexe 17 : Captures d'écran de BIBLIOTROP, illustration de la consultation /
annotation

1) Formulaire d'interrogation de BIBLIOTROP, Lancereq3.pl	3) Fiche d'une publication, ResumeArticle.pl

2) Liste de publications, ici en réponse à une requête, ListeBiblio.pl	4) Formulaire d'annotation publique, PublicAnnoteArticle.pl

1) Affichage de la liste des groupes, list_group.pl

Home > List of Group

LIST OF GROUP

GROUP ID	NAME	DESCRIPTION	MEMBERS	PUBLICATIONS
1	Equipe W	Publications attachés pour l'équipe intégration des données	41	128,532,533,628,568

---

2) Formulaire de création de groupe, create_group.pl

CREATE A GROUP

Name*

Description*

Members : Christophe Plan   add   clear

Publications : Tout (cliquer) teste part replaces les life/file sciences   add   clear

submit   reset

---

4) Liste des publications attachées à un groupe, group_publi.pl

Home > List of Group > Detail Group > Publication Group

LIST OF PUBLICATIONS

Delete	Biblio tag ID	Title	Authors	Journal	Pages	Year
☐	128	Highly efficient production and characterization of T-DNA-plants for use	Dillard, S; Maynard, D; VanBrock, L; Ong, D; Vos, M; Renault, M; Lamande, P; Ortega, T; Bignoul, M; Fonteba, M; Comolock, PH; Watts, B; Dubray, M; Onkerinken, B.	Theor Appl Genet	1394-405	2009-May
☐	531	Unplicated IGF-1 Abscisic forein perpau pimbro	Dois, G; Ris, M; Lomande, F; Previn, A; Pellaudi, P; Morel, M; Dietrof, A; Criscboq, H; Halmaroco, E; Pech, O	Proditor Acido Sci	2736-40	2006-Jun-1
☐	513	Groundnut Challenge Programme (GCP) Roundnut for Drop Emm	Brockwick, S; Dassequet, S; Hamkrang, T; Mori, T; Kuk, M; Dissou, P; Len, I; Foogon, H; McLaren, G; Raman, PN	IREXT	213-9	2010
☐	532	Sequencing multiple and diverse sori resistance Overcoming Biblio galore resistant milk phenotypes	McFaly, ML; Sandovitch, R; Machld, D; Berdl, DN; Loyah, H; Loving, R	Phos Physiol	35-43	2005-May
☐	568	Haustral genome annotation of Oryza sativa sure precision sub-suppubitis gename analysis with Anthologist Indiana	Ball, Y; Tanaka, T; Hanson, RA; Tannaani, C; Feai, V; Niksen, PN; Antonio, BA; Antto, H; Agrvelico, R; Benderwick, R; Barros, T; Boss, J; Corolio, B; Cannon, B; Falko, R; Andrea, T; Balanes, O; Baan, M; Kalaehla, R; Hould, S; Marellok, M; Neves, H; Netion, A; Noncharm, J; Framg, H; Oniony, R; Ama, N; Insanda, Y; Iosa, F; Infrind, F; Kaman, Ma; Kawa man; C; Kawamma, Y; Kawalmaa, K; Khaters, M; Kianoia, N; Kidmora, K; Koarimama, WY; Kobaulio, H; Lutborkuma, N; Liu, PH; Lounhaa, D; Matriurula, T; Miasapa, A; Mfullastho, WY; Manning, J; Miyo, A; Makeba, M; Nagastoa, T; Pan, I; Ranala, H; Prana, R; Matourou, R; Glatatriho, C; Mipmanga, R; Oasly, T; Oola, D; Ostrio, R; Palmo, Lic; Quortea, F; Raghuroandu, S; Awela, H; Saban, R; Sabou, F; Sututa, A; Sahora, T; Sato, A; Sato, S; Schoal, R; Seha, M; Shabwka, M; Shimou, Y; Dhaurula, A; Simoto, T; Singh, NV; Semba-White, R; Yabuka, J; Tanine, M; Tamaura, T; Thomapson, R; Trebirem, F; Teuguet, M; Tyagi, AK; Tepaainot, A; Wang, A; Wang, XA; Yanaguchi, K; Yamamito, M; Yamaouka, R; Yu, Y; Zhang, H; Zmea, D; Ziga, R; Zoe, X; Caprine, T; Hsrds, T	Genome Res	175-83	2007-Feb

submit   reset
Add publication

---

5) Liste des membres du groupe, group_members.pl

Home > List of Group > Detail Group > Members Group

LIST OF MEMBERS

DELETE	USER ID	NAME
☐	8	Rimol Melm
☐	1	Manuel Rule

delete   reset

---

3) Fiche détail d'un groupe, detail_group.pl

Home > List of Group > Detail Group

DETAIL GROUP

NAME	Group W
DESCRIPTION	Publications attachés pour l'équipe intégration des données
MEMBERS	41
PUBLICATIONS	128,532,533,628,568

Gestion of Public source   Edit   Gestion of Members   Edit

Delete that group   Delete

Home > List   help for export

EXPORT ENDNOTE

to copy the text in the textbox in a text file, and with program EndNote to realise an importation with the filter Refer / BibIX :

Link to the text file

Make Biblio

```
%0 Journal Article
%A Ruis, M
%A Giudicelli, V
%A Ginestoux, C
%A Stoehr, P
%A Robinson, J
%A Bodmer, J
%A Marsh, SG
%A Bontrop, R
%A Lemaitre, M
%A Lefranc, G
%A Chaume, D
%A Lefranc, MP
%D 2000
%P 219-21
%T IMGT, the international ImMunoGeneTics database.
%J Nucleic Acids Res
%X IMGT, the international ImMunoGeneTics database (http://imgt.cines.fr:8104 ),
is a high-quality integrated database specialising in Immunoglobulins (Ig), T cell
Receptors (TcR) and Major Histocompatibility Complex (MHC) molecules of all
vertebrate species, created in 1989 by Marie-Paule Lefranc, Universite Montpellier
II, CNRS, Montpellier, France (lefranc@ligm.igh.cnrs.fr ). At present, IMGT
includes two databases: IMGT/LIGM-DB, a comprehensive database of Ig and TcR from
human and other vertebrates, with translation for fully annotated sequences, and
IMGT/HLA-DB, a database of the human MHC referred to as HLA (Human Leucocyte
Antigens). The IMGT server provides a common access to expertised genomic,
proteomic, structural and polymorphic data of Ig and TcR molecules of all
vertebrates. By its high quality and its easy data distribution, IMGT has
important implications in medical research (repertoire in autoimmune diseases,
AIDS, leukemias, lymphomas), therapeutic approaches (antibody engineering), genome
diversity and genome evolution studies. IMGT is freely available at
http://imgt.cines.fr:8104. The IMGT Index is provided at the IMGT Marie-Paule page
(http://imgt.cines.fr:8104/textes/IMGTindex.html).
%N 10591338

%0 Journal Article
%A Pugnere, D
%A Ruis, M
%A Sarrauste de Menthiere, C
%A Masdoua, B
%A Demaille, J
%A Touitou, I
%D 2003
%P 286-90
%T The MetaFMF website: a high quality tool for meta-analysis of FMF.
%J Nucleic Acids Res
%X We present here the MetaFMF database (freely accessible at
http://fmf.igh.cnrs.fr/metaFMF/index_us.html) that attempts to gather and unify,
in a common resource, data on phenotype-genotype correlation in familial
Mediterranean fever (FMF). A single accession form, including a large number of
quality controls, has been implemented such that data, collected worldwide, are
included in an homogeneous manner. The inclusion criterion has the objective to
avoid interpretational bias: patients will be included only if they bear at least
two mutations. The clinical form has been set up by an International editorial
board (12 FMF expert centres), which guarantees the validity of the data. Data are
anonymous and submitted by a secure interface, in which the researcher is logged
in with a specific ID and password. A pilot study on 211 patients has shown the
feasibility and relevance of this project. We anticipate that the use of MetaFMF
will enable reliable a set of severe
reasons for previous i
%N 12633004

%0 Journal Article
%A Bruskiewich, R
%A Davenport, G
%A Hazekamp, T
%A Metz, T
%A Ruis, M
%A Simon, R
%A Lee, J
%A Senger, M
%A McLaren, G
%A Kintum, TV
%D 2006
%P 215-9
%T Generation Challeng
%J OMICS
%X The Generation Chal
consortium striving to
developing countries.
generation global crop
resources, genomics, a
designed based on a co
shared ontology. This
genomics, and geograph
paper provides an over
special issue of OMICS
%N 16901239
```

1) Résultat d' « export to EndNote », ListeBiblio.pl

2) Formulaire de réalisation de bibliographie, MakeBiblio.pl

Home > List > Biblio

FORMAT BIBLIO

Link to the rtf file

Formatage : [authors] [title] [journal] [date] [pages]

Index ◉ WITH ○ WITHOUT

authors	title	journal	date	pages	[clear]
◉ normal	○ normal	○ normal	◉ normal	○ normal	
○ italic	○ italic	◉ italic	○ italic	○ italic	
○ double quote	◉ double quote	○ double quote	○ double quote	○ double quote	
○ bracket	○ bracket	○ bracket	○ bracket	○ bracket	
○ bold	○ bold	○ bold	○ bold	○ bold	

[submit] [reset]

Result :

```
{\rtf\ansi\ fonttbl\ f0\froman Times New
Roman;}{\colortbl\ red255\ green255\ blue255;}\pard\f0
1. Bruskiewich, R, Davenport, G, Hazekamp, T, Metz, T, Ruis, M, Simon, R, Lee, J,
Senger, M, McLaren, G, Kintum, TV, \uc0\u8220Generation Challenge Programme (GCP):
Standards for Crop Data.\uc0\u8221, \i OMICS\i0, 2006, 215-9.\

2. Pugnere, D, Ruis, M, Sarrauste de Menthiere, C, Masdoua, B, Demaille, J,
Touitou, I, \uc0\u8220The MetaFMF website: a high quality tool for meta-analysis
of FMF.\uc0\u8221, \i Nucleic Acids Res\i0, 2003, 286-90.\

3. Ruis, M, Giudicelli, V, Ginestoux, C, Stoehr, P, Robinson, J, Bodmer, J, Marsh,
SG, Bontrop, R, Lemaitre, M, Lefranc, G, Chaume, D, Lefranc, MP, \uc0\u8220IMGT,
the international ImMunoGeneTics database.\uc0\u8221, \i Nucleic Acids Res\i0,
2000, 219-21.}
```

GLOSSAIRE

- **Base de données** : Ensemble structuré et organisé permettant le stockage de grandes quantités d'informations afin d'en faciliter l'exploitation (ajout, mise à jour, recherche de données),   ex. : BIBLIOTROP DB.

- **flux RSS** : Il s'agit d'un ensemble d'informations sous la forme d'un fichier XML, que l'abonné à ce flux peut recevoir automatiquement en cas de mise à jour, sans avoir à ce rendre sur le site.

- **FST** : Flanking Sequence Tag, séquence d'une région d'ADN génomique adjacente à une insertion d'ADN étranger connu (ADN-T, transposon,...).

- **GO** : *Gene Ontology, l*a GO provient d'un vocabulaire contrôlé pour décrire les gènes et produits de gène dans différents organismes. La GO contient environ 20 000 termes biologiques. Qui sont répartis en trois domaines :
    - ห Processus biologiques (*Biological Process*)
    - ห Composants cellulaires (*Cellular Component*)
    - ห Fonctions moléculaires (*Molecular Function*)
    - ห

- **GO** *terms* sont classés au sein des branches de l'*ontology*. Ainsi l'*ontology* se présente comme un arbre, comme un réseau avec des liens internes. Il est possible d'arriver à un terme d'intérêt par différents chemins.

- **MeSH** : *Medical SubHeading, MeSH* est un ensemble de mots anglais contrôlé par la *National Library of Medicine*. Cela formant un ensemble hiérarchique de mots, ce qui permet de chercher à différents niveaux de spécificité du plus général au plus précis. Il existe plus de 110 000 MeSH *terms*, que l'on peut classer en différents domaines :
    Anatomy, Biological Sciences, Chemicals and Drugs, Diseases, Health Care, Natural Sciences, Organisms, Psychiatry and Psychology, Techniques and Equipment, and Technology, Industry, Agriculture

- **Orthologue :** Deux séquences homologues (dérivant d'un ancêtre commun) sont orthologues si elles résultent d'un événement de spéciation.

- **RTF** : *Rich Text Format, i*l s'agit d'un format de fichier dit enrichi compatible avec la plupart des éditeurs de texte (WORD, Open Office, TextEdit, WordPad, Ted, ...).

- **UniProt** : Base de données universelle de protéines, constitue un dépôt central d'information sur les protéines et est composé par la combinaison de Swiss-Prot, TrEMBL et PIR.

Développement d'un outil d'annotation de séquences utilisant la bibliographie scientifique

MOINE Rémi, CIRAD, UMR DAP – Equipe ID 1096 TA, 40/03,
Avenue Agropolis 34398 Montpellier Cedex 5, France, 2007

Le génome du *Riz* étant complètement séquencé, de nombreux projets d'analyse fonctionnelle prennent naissance. On remarque dès lors qu'il est difficile de trouver des **publications** en correspondance avec une **information génétique**.

Le biologiste dispose à l'heure actuelle de **PubMed** pour effectuer ses recherches bibliographiques et **EndNote** pour gérer ses bibliographies. On se propose ici de développer l'outil **BIBLIOTROP** non pas pour remplacer les deux précédemment cités, mais plutôt pour pallier à leurs manques. En effet ce nouvel outil doit permettre de lier de l'information génétique à des publications.

Pour se faire nous avons développé une base de données d'articles scientifiques et l'interface l'accompagnant. Cela afin de joindre par exemple des informations sur le *Riz* contenu dans les trois bases de données suivantes, **OryGenesDB**, **OryzaTagLine** et **Greenphyl,** développées au sein de l'UMR à des publications.

Notre outil ainsi développé permet de réaliser des annotations, c'est à dire associer à une publication des mots clés, des notes, de l'information génétique (FST, UniProt, Gene Name, GO). Également d'étendre nos recherches de publications vers les **co-auteurs**, « **related articles** » et **MeSH terms** d'une publication, mais aussi à partir de **Gene Name**, **Gene Ontology**, **UniProt** et **FST**. Il permet également de générer des bibliographies directement ou pour EndNote.

BIBLIOTROP constitue donc un outil fonctionnel s'intégrant très bien dans l'existant et proposant de nouvelles perspectives de recherche, tout en facilitant le travail du biologiste afin de compiler et de lier différentes sources d'informations.